Sara Robles (coord.)
Antonio Hierro
Francisca Miranda

nueva
edición

comprensión oral

INTERACCIÓN
ESCRITA

MEDIACIÓN ORAL
EXPRESIÓN ESCRITA

COMPRENSIÓN ESCRITA

ACTIVIDADES B2
PARA EL MARCO COMÚN
REFUERZO PARA EL DELE B2

INTERACCIÓN
ESCRITA

INTERACCIÓN ORAL

MEDIACIÓN ORAL

COMPRENSIÓN ORAL

MEDIACIÓN
ESCRITA

COMPRENSIÓN
ESCRITA

**Audio
descargable**

en CLAVE ELE

DIRECCIÓN EDITORIAL
Raquel Varela

EDICIÓN
Javier Lahuerta

DISEÑO Y PUESTA EN PÁGINA
dos + dos edicions, s. l

ILUSTRACIÓN
Susanna Campillo

FOTOGRAFÍA
Santiago Burgos y Cover

GRABACIÓN AUDIO
Crab Ediciones Musicales
Realización: Jose Morato

AGRADECEMOS LA COLABORACIÓN DE DANIEL GARCÍA

© de esta edición: enClave-ELE, 2014

ISBN: 978-84-15299-62-2
Depósito legal: M-22624-2014
Impreso en España por
Cimapress

INTRODUCCIÓN

*A*ctividades para el Marco Común Europeo de Referencia presenta un total de 30 unidades destinadas en este caso a estudiantes de español que quieren alcanzar un nivel B2. Como señala el documento europeo, el alumno de este nivel se considera usuario independiente avanzado, por lo que será capaz de desarrollar las distintas actividades de la lengua con cierta habilidad; podrá entender temas complejos, al menos en cuanto a sus ideas principales; se comunicará oralmente y por escrito con hablantes nativos con naturalidad, fluidez y sin esfuerzo por parte de los interlocutores; y, en suma, será un individuo que disfrute de un grado de competencia muy aceptable en la lengua española.

En las 30 unidades de que se compone este libro aparecen recogidas las distintas actividades comunicativas tanto productivas como receptivas del ámbito de lo oral y de lo escrito. Cada unidad consta de tres secciones. En la primera, denominada *Para empezar*, se presenta el tema, el ámbito de acción o el escenario en el cual se van a desarrollar las actividades comunicativas. A continuación, aparece una sección titulada *Ahora, ¡a...!*, donde se trabaja la destreza de la que trata específicamente cada unidad, así encontraremos, *Ahora, ¡a escuchar!, Ahora, ¡a leer!, Ahora, ¡a hablar!, Ahora, ¡a hablar con...!, Ahora, ¡a ver si has comprendido!, Ahora, ¡a escribir!,* etc.

La última parte de la unidad corresponde a la sección *Un poquito más*, en la que se proponen más actividades relacionadas con el tema y en la que con frecuencia se presentan otras habilidades o destrezas lingüísticas, además de la específica de dicha unidad. En esta sección se suelen proponer tareas guiadas en las que confluyan los conocimientos aportados en las actividades previas; de este modo, se le pide al alumno la recopilación de datos o informes valiéndose de herramientas muchas veces externas al espacio del aula, como puede ser Internet, documentos auténticos de diversa naturaleza, encuestas, etc.

Entre los atractivos de este trabajo está la cuidada selección que se ha hecho de los temas que se tratan en cada unidad, entendiendo que estos debían resultar interesantes, necesarios y cercanos al alumno. En ellos el componente léxico-semántico adquiere una importancia capital a través de textos aportados y textos generados que tendrá que elaborar el alumno en las distintas actividades; pero, además se atiende a cuestiones morfosintácticas, discursivas, fónicas y ortográficas que se propician en las distintas unidades temáticas; en definitiva, se ha tratado de atender a aquellos aspectos que constituyen el componente lingüístico necesario para desarrollar las distintas actividades comunicativas. Por otra parte, conscientes de la importancia de los contenidos socioculturales y pragmáticos, tan necesarios para realizar intercambios auténticos, adecuados y correctos, en las distintas unidades se proporciona información sobre los hábitos, las costumbres y, en definitiva, los modos y maneras de proceder en la cultura española, a la vez que se propicia el diálogo intercultural de los distintos estudiantes que se den cita en el aula.

En suma, las características más destacables de este libro son las que siguen:
– Se propicia un aprendizaje significativo que lleve al alumno a utilizar la lengua para cumplir determinados objetivos comunicativos.
– Las actividades están orientadas a la acción.
– Muestra una rica diversidad en la tipología de los ejercicios.
– Se atiende al componente lúdico a través de juegos, test variados, actividades de entretenimiento, etc.
– Se busca la reflexión sobre las estrategias de aprendizaje y de comunicación.
– En ocasiones se ofrece material de referencia por medio de ejemplos o de distintos recursos didácticos que sirven de apoyo y guía en las producciones ulteriores de los estudiantes.

Sara Robles Ávila

ÍNDICE

ÍNDICE

PARA EMPEZAR

I. En los medios de comunicación las noticias se agrupan en distintas secciones. Trata de clasificar los siguientes titulares en su sección correspondiente:

○ 1. El triunfo de los blaugrana en la Rosaleda los sitúa a la cabeza de la clasificación

○ 2. Balance de 54 fallecidos en la última operación salida

○ 3. Victoria centrista en el país vecino

○ 4. Últimos coletazos del temporal

○ 5. Bautizo de la heredera al trono

○ 6. López Morales en contra del pacto tripartito

○ 7. Carrefour: 3 × 2 en el súper-ahorro

○ 8. Los mejores pronósticos para los nacidos bajo el signo de Leo

○ 9. *Lo imposible,* de J. A. Bayona, se ha estrenado en todo el mundo con gran éxito de crítica y público

○ 10. Fallece a los 95 años el genial pintor Paco Montes

a) Nacional	*j)* Sociedad
b) Internacional	*k)* Economía
c) Sucesos	*l)* Ciencia y tecnología
d) Cultura	*m)* Horóscopo
e) Deportes	*n)* Programación TV
f) Información meteorológica	*ñ)* Cartelera
g) Salud	*o)* Servicios
h) Necrológicas	*p)* Política
i) Anuncios	

2. Este es el portal de Internet de Onda Radio. Aquí tenéis los titulares que se ofrecen en un programa de noticias pero, por un problema en la red, se ha perdido parte de la información y solo queda la que aparece a la izquierda. Junto con tu compañero, trata de reconstruir las noticias y léelas al resto de la clase. Podéis ayudaros con las fichas de vocabulario que tenéis a la derecha.

www.ondaradio.es	
Huelga de pilotos en la compañía aérea LAE Durante todo el día de ayer, los pilotos de la compañía de las Líneas Aéreas Españolas secundaron una huelga…	PROTESTA MEJORA SALARIAL MANIFESTACIONES SINDICATOS PATRONAL
Chubascos previstos para el fin de semana Para el próximo fin de semana se esperan chubascos generalizados en el Mediterráneo…	CHUBASCOS SOLEADO ALTAS PRESIONES NUBES Y CLAROS BORRASCA ANTICICLÓN
Partido de fútbol de la Selección Española La Selección Española de fútbol disputó el fin de semana pasado el partido con…	RESULTADO EQUIPO PENALTI EMPATE ÁRBITRO GOLEADOR
Ley de matrimonio entre parejas del mismo sexo La ley que permite las bodas entre personas del mismo sexo se aprobó el 30 de junio de 2005 y recibió el apoyo de la mayoría absoluta de los diputados. El texto fue aprobado en el Congreso de los Diputados y tuvo 187 votos a favor y 147 en contra. La ley permite contraer matrimonio a las parejas del mismo sexo y les otorga los mismos derechos que a las uniones heterosexuales, incluida la adopción.	DIPUTADOS CONGRESO A FAVOR / EN CONTRA DERECHOS ADOPCIÓN
Noticias de Hollywood Según algunas fuentes, la actriz española Pena López Cruz y su esposo Javier Barneda estarían esperando su segundo hijo. Los rumores de embarazo surgieron en la última ceremonia de entrega de los Oscars. Pena lucía un ajustadísimo que marcaba su ya incipiente tripita de embarazada. La pareja, que siempre se muestra muy discreta en todo lo que tiene que ver con su vida privada, no ha confirmado todavía la noticia.	RUMORES EMBARAZO PAREJA DISCRETA CONFIRMADO

PISTA 1

3. ◀ Escuchad las noticias originales y comprobad si coinciden con las vuestras. Explicad las diferencias al resto de la clase. Podéis usar expresiones como las que se proponen.

1. Creíamos que… pero…

2. Nos parecía que… aunque…

3. Imaginábamos que…, sin embargo…,

4. Hemos acertado cuando pensamos que…

5. Pensábamos que… y, en efecto,…

6. Teníamos la idea de que…, en cambio…

PISTA 2

4. ◀ ¿QUÉ HACEMOS HOY?

Vais a escuchar la agenda cultural que te propone Onda Radio. Completa las propuestas con las palabras que faltan.

MÚSICA

Hoy jueves a las _____ horas comienza el _____ de Flamenco-Rock en la sala Flamenka de la calle _____ número ocho. Contaremos con la actuación del grupo _____ que mezcla los _____ del flamenco más tradicional con el rock más _____. ¡No se lo pierdan!

ARTES ESCÉNICAS

La _____ andaluza de teatro ARS _____ esta noche, a las nueve, en el teatro de la capital, el _____ *Don Juan Tenorio* de Zorrilla. Se trata de una revisión del _____ de donjuan trasladado al siglo XXI. Un Don Juan con _____, _____ y _____ que frecuenta la vida nocturna, pero que sigue siendo un _____.

RESTAURANTES

La moda de la comida de _____ llega a nuestra ciudad. Acaba de abrir sus puertas, en pleno _____, el restaurante LECHUGA. _____ con un estilo _____, LECHUGA ofrece el mejor _____ y unos platos donde se mezclan _____ de todos los continentes para los que quieran disfrutar de una _____ diferente. Uno de los _____ del local es la música que _____ en directo los más prestigiosos _____ del momento.

EXPOSICIÓN

Hasta el 11 de este mes podrá visitarse en la _____ de Arte _____ (Avenida de las Palmeras, 15) la exposición: «De la _____ al _____: historia del juguete en España». El _____ de visita es de lunes a sábado de 10 de la mañana a 20 horas _____. Para más información puede llamar al _____.

DISCOTECA

En la discoteca _____ se celebrará hoy, a partir de las _____, una fiesta _____ donde se _____ _____ de música de todo el mundo en sus cuatro _____. Si viene acompañado de su _____, tendrán un _____ en el precio de la _____. A las dos de la madrugada, hora feliz, las _____ serán más baratas: dos por una.

CINE

Este fin de semana llega a nuestras _____ la nueva película del director Borja Cobeaga, _____. Es una _____ sobre un chico (Chema) que ha escuchado muchas veces "_____", pero siempre acompañado de "como un amigo". Una noche conoce a Claudia, una guapísima chica argentina y piensa que su _____ va cambiar. _____ y diversión garantizadas.

¿A cuál de estas propuestas culturales te apetece ir? Justifica tu respuesta.

Un poquito más

5. En pequeños grupos vais a elaborar una GUÍA CULTURAL de la ciudad en la que estáis estudiando español. Para llevar a cabo esta tarea podéis seguir los siguientes pasos:

1) Poneos de acuerdo y elegid un título atractivo para la guía.
2) Decidid sus contenidos: visitas, monumentos, cine, teatro, exposiciones, conciertos...
3) Elaborad un pequeño informe sobre cada uno de los contenidos.
4) Ponedlos en común antes de presentar la guía al gran grupo.
5) Sería una buena idea que, después de redactarla, se la mandéis a todos vuestros compañeros por correo electrónico.
6) Finalmente, con las aportaciones de todos los grupos, redactad o elaborad un panel con toda la información.

Si necesitáis información sobre las actividades de la ciudad, podéis consultar los periódicos locales, las oficinas de turismo, el ayuntamiento y su página web o estos portales de Internet: **www.elpaís.es, www.elmundo.es, www.20minutos.es**

PARA EMPEZAR

I. ¿Te consideras un buen estudiante de idiomas? ¿Qué se te da mejor?, ¿y peor? ¿Te identificas con alguno de estos estudiantes de español?

> **KATE** (INGLATERRA)
> «MI PRONUNCIACIÓN ES HORRIBLE. ESTÁ CLARO QUE LA GENTE NO ME ENTIENDE CUANDO HABLO...»

> **MASAKO** (JAPÓN)
> «ME CUESTA MUCHO RECORDAR LOS VERBOS IRREGULARES Y LAS EXPRESIONES, ¡SON TAN RARAS...!»

> **MAGNUS** (SUECIA)
> «TENGO POCO VOCABULARIO Y, A VECES, NO PUEDO EXPLICAR EXACTAMENTE LO QUE QUIERO.»

> **JULIA** (ALEMANIA)
> «ME PONGO MUY NERVIOSA CUANDO ME HABLAN RÁPIDO. NECESITO COMPRENDERLO TODO... ADEMÁS, NO ENTIENDO POR QUÉ HAY TANTOS PASADOS EN ESPAÑOL.»

> **GABRIELLA** (RUMANIA)
> «PARA MÍ ES MUY DIFÍCIL ENTENDER LOS TEXTOS ESCRITOS. USO MI DICCIONARIO TODO EL TIEMPO. BUENO, Y DEL SUBJUNTIVO, MEJOR NI HABLAR... TODAVÍA NO SÉ MUY BIEN CÓMO USARLO; NO LO APRENDERÉ NUNCA...»

Para expresar tu opinión puedes ayudarte con estos recursos:

> A mí me pasa como a...
> Me cuesta más / menos... // No me cuesta tanto... // Lo más fácil es... // Lo más difícil es... // No consigo... // Me pongo nervioso cuando... // Siento vergüenza cuando...

Ejemplo: A mí me pasa como a Kate porque me pone nerviosa que la gente no me entienda cuando hablo. Es un problema. A veces me siento como una tonta porque...

2. Todos aprendemos una lengua para algo. ¿Y tú?, ¿para qué estudias español? Ordena, de acuerdo con tus preferencias, las siguientes ideas. Añadid, en gran grupo, las que penséis que faltan:

	Para leer obras literarias en español
	Para comprender y hablar con mis amigos españoles
	Para viajar a Sudamérica
	Para poder cantar canciones en español
	Para trabajar en algún país de habla hispana
	Para ver películas en español
	Para chatear con amigos españoles y latinoamericanos
	Para navegar por Internet
	VUESTRAS IDEAS *Para...*

AHORA, ¡A ESCUCHAR!

PISTA 3

3. ◀ Hans es un chico alemán que quiere hacer un curso de español en la escuela Al-Andalus. Escucha su conversación en la secretaría del centro.

A. Si has escuchado bien, podrás contestar a estas preguntas:
1. ¿Qué tipos de cursos ofrece la escuela?
2. ¿Cuánto tiempo se va a quedar Hans?
3. ¿Qué otras actividades, además de las clases, incluye el curso?
4. ¿Son clases numerosas? ¿Por qué?

B. Los cursos de español que has hecho, ¿han sido como el de Hans? ¿Cómo eran las clases? ¿Qué otras actividades hacías? Coméntalo en gran grupo.

C. ◀ Escucha el diálogo las veces que sean necesarias y contesta a estas preguntas:

En la conversación que has oído,
1. ¿Cómo se pregunta o solicita cortésmente una información?
2. ¿Cómo se refiere al interlocutor con cortesía en los agradecimientos?
3. ¿Cómo se expresa duda?
4. ¿Cómo se manifiesta acuerdo o asentimiento?
5. ¿Cómo se ofrece ayuda?

D. Reflexiona:

¿Te has dado cuenta de que en la audición aparecen tanto la forma TÚ como USTED? ¿Sabes en qué situaciones usamos una u otra?
¿Existen esas dos formas de tratamiento en tu lengua? Si existen, ¿cómo las usáis?

E. En pequeños grupos vais a diseñar el mejor curso de español que se os ocurra. Poneos de acuerdo y decidid sus características: horario, clases, aula, materiales, actividades complementarias, profesores… Al terminar, exponed el proyecto en clase y, entre todos, elegid el que más os haya gustado.

PISTA 4

4. ◀ El director de la escuela donde estudia Hans les cuenta a sus estudiantes algunas normas de conducta del centro: prohibiciones, recomendaciones, obligaciones… Escucha sus palabras y completa el cuadro.

Norma 1:	Norma 4:
Norma 2:	Norma 5:
Norma 3:	Norma 6:

¿Existen estas mismas normas de convivencia en los colegios, institutos, centros de enseñanza o universidades de tu país? ¿Qué te parecen? Coméntalo en clase.

Un poquito más

5. Lee estas experiencias de aprendizaje de algunos estudiantes Erasmus. Este programa de intercambio, ¿se puede hacer en tu país? ¿Has tenido alguna vez una experiencia como las que siguen? Lee los textos y contesta a las preguntas.

ME VOY DE ERASMUS…

El programa Erasmus nació en la Unión Europea en 1987. Su objetivo: fomentar la integración europea a través de la educación, favorecer la movilidad y el conocimiento, crear poco a poco una ciudadanía continental. Aquel año solo 240 españoles se sumaron al programa; en el último curso contabilizado son ya 18.258, según informan en la Agencia Erasmus. ¿Quién puede solicitar las becas Erasmus? Universitarios y alumnos de escuelas de arte o conservatorios. ¿Dónde? En las universidades, que son las que convocan plazas de acuerdo a convenios con centros europeos. ¿Convalidan estudios? «Reconocimiento de estudios es el término adecuado». Conviene ir siempre con un contrato de estudios firmado por el centro de origen y de destino, por precaución.

Una casa de locos en Madrid

Paolo, Fausta, Josephine, Alain y Cecile. Erasmus en Madrid, 20011-20012

Viven en pleno centro. ¿Cómo se las han ingeniado para conseguir la casa? Los franceses, Josephine y Alain, por Internet; los italianos, Paolo y Fausta, por el boca a boca. Cecile, la belga, repite este año de Erasmus, está haciendo su tesis: «Yo llegué a esta casa por la amiga de la hija de un cliente de mi padre». Pagan 360 euros por habitación. Su problema es el casero. En el punto 27 del contrato se lee: «Quedan prohibidas las fiestas». Hoy están felices. Han hecho su primera compra juntos. Pero venir a España no es solo por razones académicas. Todos coinciden en que es el paraíso de los Erasmus.

Decepcionada

Marina Díaz. Badajoz (Extremadura). Erasmus en Alemania, 2012-2013
«¿Es que nadie sabe cuál es la ayuda económica? ¿Y los problemas con que te encuentras después para convalidar las asignaturas cursadas en el extranjero? En mi época esa dotación no llegaba a 60 euros mensuales, cantidad que era ingresada en su mayor parte cuando el estudiante estaba ya de vuelta en España. Así que, si no habías encontrado trabajo allí desde España (difícil), o no tenías unos padres que te ayudasen los primeros meses, pasarías a ser un empleado de McDonald's o de Correos (más fácil), no había ni la más remota posibilidad de poder disfrutar de esta beca. Por supuesto que

mi estancia en el extranjero fue positiva, me quedé seis años en aquel país y pienso regresar, pero no fue gracias a la beca Erasmus».

Bebé Erasmus

Claudia y Mathias, médicos. Erasmus en Málaga, curso 2010-2011, y Bruselas, 2012-2013
«Somos Mathias (alemán) y Claudia (española), somos médicos y vivimos en Bruselas. El programa nos cambió la vida: somos pareja Erasmus y tenemos un bebé Erasmus –Pablo, que tiene 15 meses y es belga– y seguimos trabajando en el hospital con estudiantes Erasmus. Todo empezó cuando Mathias fue a Málaga a hacer cuarto año de medicina y yo le seguí a Bruselas dos años después. Decidimos quedarnos a vivir y a seguir nuestra formación de especialistas aquí. Nuestra visión de España, de Europa y del mundo se ha modificado al conocer a tanta gente de otros países y al poder disfrutar del privilegio de vivir en otras culturas. Sin Erasmus no seríamos las personas que somos ahora».

Preguntas:

1. ¿Cuál es la finalidad del programa Erasmus? ¿Quiénes pueden disfrutar de estas becas?

_____

2. ¿De qué distintas formas se hacen con una vivienda los estudiantes Erasmus?

_____

3. Según los datos del texto, ¿es suficiente la ayuda económica del programa?

_____

4. ¿Los estudiantes se consideran privilegiados por haber podido vivir esta experiencia? Justifica tu respuesta.

_____

PARA EMPEZAR

1. ¿Sabes los nombres de las profesiones de estos personajes? En pequeños grupos, trata de descubrirlos. Después clasifícalos en trabajos físicos o intelectuales.

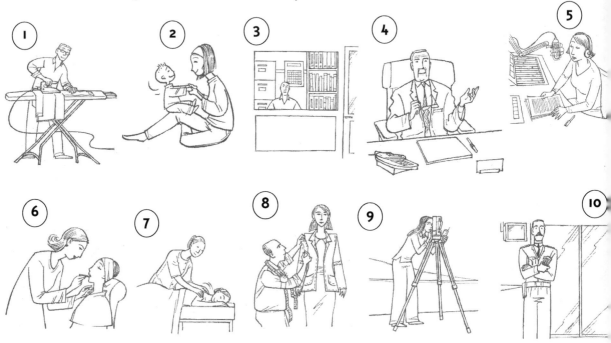

	TRABAJOS FÍSICOS	TRABAJOS INTELECTUALES	AMBOS
Conserje	3 ✓	3 ✓	✓
Masajista	7 ✓	✓	
Vigilante	10 ✓		
Maquillador/a	6 ✓		✓
Gerente		4 ✓	
Locutor/a		5 ✓	✓
Topógrafo/a		9 ✓	
Canguro	✓		2 ✓
Sastre/costurera		8 ✓	
Amo/a de casa	1 ✓	✓	

2. EL TABÚ DE LAS PROFESIONES

A. Vamos a jugar al tabú de las profesiones. Primero dividimos la clase en dos grupos (A y B). Cada grupo preparará diez tarjetas como las que te mostramos con el nombre de una profesión –podéis usar las del ejercicio uno– y, debajo, cinco palabras muy relacionadas.

B. El grupo A elige una de sus tarjetas y se la entrega a una persona del grupo B, que tiene que conseguir que su grupo adivine la profesión. ¡Atención!, no se pueden usar las palabras que aparecen en la ficha. Podéis usar el diccionario pero no se permiten ni gestos, ni sonidos, ni palabras en vuestro idioma. El grupo que adivine el nombre de la profesión, ganará un punto y así sucesivamente.

AHORA, ¡A ESCUCHAR!

PISTA 5

3. ◀ El trabajo de los hijos es una de las mayores preocupaciones de los padres. Escucha atentamente esta conversación entre Antonio y Carlos, y anota de forma esquemática todo lo que hayas comprendido.

A. Vuelve a escuchar la grabación y recoge las opiniones y comentarios que se ofrecen en torno a estos aspectos relacionados con el mundo laboral.

TEMAS	EN EL DIÁLOGO DICE/N QUE... / SE DICE QUE...
1. El trabajo de los jóvenes	supermercado
2. Contratos laborales	~~profesión~~ el contrato terminó, a la calle
3. Trabajo y estudios	tiene que estudiar
4. Contactos	llame por teléfono su amigo para ayudar

B. ¿Los jóvenes de tu país también tienen problemas para encontrar trabajo? ¿Van muchos jóvenes a la universidad? ¿Qué estudios son los más demandados? ¿Hay problemas para estudiar determinadas carreras? ¿Qué profesiones están mejor vistas? ¿Cuáles están mejor remuneradas? Coméntalo en plenaria.

4. En una entrevista de trabajo, ¿qué temas crees que se tratarán? ¿Qué actitudes se muestran en la relación entrevistador y candidato? Marca con una cruz la casilla adecuada.

☐ *Preguntar al candidato sobre sus aficiones y actividades en el tiempo libre.*
☐ *Adular insistentemente al entrevistador.*
☑ *Hablar sobre otras experiencias laborales del candidato.*
☑ *Agradecer su presencia al candidato.*
☐ *Hablar del estado civil del entrevistado.*
☐ *Comentar la situación familiar.*
☐ *Preguntar la opinión sobre el sueldo.*
☑ *Preguntar sobre cuestiones del currículo.*
☑ *Explicar en qué consiste el trabajo.*
☑ *Interesarse por la relación del candidato con sus jefes anteriores.*
☐ *Pedir un aumento del sueldo.*
☐ *Conocer las ideas religiosas o políticas del entrevistado.*

PISTA 6

A. ◄ *Comprobad vuestra elección escuchando la entrevista de Rebeca para la prestigiosa boutique TARA'S MODA.*

B. *¿Qué crees que le gustará a Rebeca de este trabajo? ¿Qué podrá molestarle? ¿Qué crees que no le importará o le dará igual?*

Ejemplo: No estoy seguro, pero creo que le molestará tener que trabajar por la mañana y por la tarde ya que, en el futuro, cuando tenga la niña…

C. *Si tú fueras Rebeca, ¿qué te gustaría?, ¿qué te molestaría?, ¿qué no te importaría o te daría igual de este trabajo?*

UN POQUITO MÁS

5. Pasamos muchas horas trabajando… Pero, no todos lo hacemos de la misma forma. Por eso, queremos que averigües qué tipo de trabajador es uno de tus compañeros/as. Elige a uno de ellos y pídele que complete esta ficha:

EN EL TRABAJO

Lo que más me gusta…

Lo que más me molesta…

Odio…

Lo que más me importa…

Lo que me da igual / no me importa…

Lee sus respuestas y, después, defínelo como trabajador justificando tu opinión. Puedes usar estos adjetivos.

CONSTANTE	RESPONSABLE	IMPACIENTE	COMUNICATIVO	RESPETUOSO	HIPÓCRITA	PUNTUAL	SINCERO
SOCIABLE	PRÁCTICO	SERIO	ESTRICTO	MALICIOSO	COMPROMETIDO	TRABAJADOR	EXIGENTE	VAGO

6. Fíjate en estos titulares de prensa e informaciones sobre el trabajo en España. ¿Con qué aspecto del mundo laboral crees que están relacionados? Coméntalo con tus compañeros.

> Discriminación salarial
> Mujeres directivas
> Ambiente laboral
> Desempleo juvenil

Los trabajadores que están a gusto en su empleo son aquellos que se sienten parte de la empresa y estos son, a su vez, quienes suelen dar el máximo de su productividad. Por eso, la importancia de que estén motivados. "Si los trabajadores se sienten a gusto son más productivos", afirma Francisco Navas, mejor directivo del año según la Asociación Española de Empresarios.

universia.es

1. _____

Los autores del informe "Educación para Todos" (EPT), encargado por la Unesco, constataron que las tasas de paro entre los jóvenes europeos que no habían completado sus estudios aumentaron "de forma amplia", a excepción de Alemania, aunque España fue sin duda "la peor afectada" de todos los países del continente.

rtve.es

2. _____

"La desigualdad retributiva, la menor retribución que perciben las mujeres en relación a los hombres por trabajos de igual valor" es una de las principales denuncias del informe realizado por la Secretaría General de la Mujer y el gabinete técnico confederal del sindicato español Comisiones Obreras (CC.OO).

20minutos.es

3._____

Actualmente sólo un 3,2% de las grandes empresas europeas tienen a una mujer sentada en el sillón de máxima responsabilidad. Dentro de los consejos de administración, la cuota femenina es tan sólo del 14%, a pesar de que la Comisión Europea recomienda que se alcance el objetivo del 40% para el año 2020.
elmundo.es

Ejemplo: ☐ *En mi opinión, la primera noticia tiene que ver con / se refiere a/ habla de… porque se dice que…*
            ■ *Como ha dicho, la primera noticia explica / se puede relacionar con… En cuanto a la segunda, el periodista comenta que… por tanto está hablando de…*

En plenaria, comentad las diferencias entre España y vuestros países de origen en el ámbito laboral.

PARA EMPEZAR

1. ¿Crees que cualquier tiempo pasado fue mejor? ¿Vivían igual nuestros abuelos que nosotros? Seguro que no, ¿verdad? Anota todas las diferencias que encuentres entre esas dos épocas:

	ÉPOCA DE MIS ABUELOS	ÉPOCA ACTUAL
Familia y amigos		
Estudios (escuela, universidad, profesores)		
Trabajo		
Costumbres y tradiciones		
Actividades diarias		
Ocio y tiempo libre		
Otros aspectos		

Ahora explica y comparte tus conclusiones con tus compañeros. ¿Estáis de acuerdo? ¿Habéis comentado cambios similares? ¿Cuáles os parecen positivos?, ¿y negativos? ¿Cuáles de esos cambios te habría gustado que no se hubieran producido?

Ejemplo: ☐ Antes se dialogaba más con la familia, ahora no hay tiempo para nada…
■ Sí, es verdad. Creo que, en la época de mis abuelos, la gente tenía más tiempo para los amigos, la familia…

18

2. Hablemos de tus abuelos. ¿Tienes abuelos? ¿Qué tal te llevas con ellos? ¿Piensas que lo sabes todo de sus vidas? Redacta una breve biografía de ellos. Escríbela pensando en los datos más importantes, en las cosas interesantes que hicieron, en algunas fechas destacadas de sus historias personales, etcétera. Incluye algunas curiosidades o anécdotas divertidas. Puedes usar estos recursos para secuenciar el relato.

> AL PRINCIPIO, AL / A LA... SIGUIENTE, A LOS/LAS..., DURANTE, DESDE, HACE, HASTA, DE... A..., Y ENTONCES, DESPUÉS...

Elegid, entre todo el grupo, la biografía de aquel/lla abuelo/a que os haya parecido más interesante, divertida o significativa de otra época.

AHORA, ¡A ESCUCHAR!

3. Manuel y Adela son dos abuelos españoles con más de noventa años, nacidos antes de la Guerra Civil española. Ahora sus vidas nada tienen que ver con las que tenían cuando eran pequeños.

PISTA 7

A. ◀ *Después de escuchar la grabación, decide quién de los dos posee un recuerdo más feliz de su infancia y por qué.*

B. ◀ *Vuelve a escuchar las palabras de Manuel y señala si las siguientes afirmaciones son verdaderas o falsas. Corrígelas cuando sea necesario.*

	SÍ	NO
1. Al abuelo le encantaba tomar el sol		
2. La familia de Manuel era numerosa		
3. Se acuerda de que ha vivido, durante toda su vida, en el campo		
4. Manuel empezó a trabajar muy joven		
5. El abuelo Manolo aprendió muy poco en la escuela		

PISTA 7

C. ◀ *Y la abuela Adela, ¿qué recuerda de estos temas? Escucha la grabación y señala algunas ideas.*

SU FAMILIA:	LA ESCUELA:
LOS JUEGOS:	LA COMIDA:

4. Adela y Manuel van a contarte algo sobre los grandes cambios sociales o acontecimientos ocurridos en la historia reciente de España, después de la muerte de Franco, pero tienen problemas de memoria y no recuerdan el año exacto en que sucedieron. ¿Por qué no les ayudas? Puedes preguntarle a algún español o buscar la información en Internet. Después pondréis en común los resultados obtenidos.

> ¡Ay!... Me falla la memoria. Solo recuerdo que Franco llevaba mucho tiempo enfermo, pero no me acuerdo exactamente del día en que murió... En mi cabeza tengo muchas imágenes de ese momento... Es curioso, recuerdo que hacía mucho frío...

> Fui a votar con muchísima ilusión. Eran las primeras elecciones democráticas... Pero, estábamos nerviosos porque no sabíamos qué iba a pasar. Estaba claro que era un momento decisivo para la historia de nuestro país...

> Al principio no me enteraba y todavía sigo sin enterarme muy bien... Yo sigo pensando en pesetas. No estoy muy familiarizada con lo del euro y eso que llevamos ya algunos años con él. ¿Fue en el 98 o 99?... ¡Uy!, se me ha olvidado...

> Mis hijos me llevaron a Sevilla para que viera la Exposición Universal. Nunca había visto nada parecido. ¡Cuánta gente! El pabellón que más me gustó fue el de Japón... Fue en el año... ¡Uy! Pues ahora no me acuerdo... ¡Qué cabeza la mía!

> Cuando yo era joven no existía la ley del divorcio... Lo que sí te puedo decir es que no es una ley muy antigua... Creo que se aprobó durante los años ochenta... Pero mi hijo seguro que se acuerda. Si quieres puedes preguntarle...

> Sí, estoy segura... Almodóvar tiene un Óscar a la mejor película extranjera por *Todo sobre mi madre*. ¿Te gusta esa película? A mí me encanta, pero no podría decirte de qué año es... Nunca me acuerdo ni de los años, ni de las fechas... Soy malísima para los números...

Ejemplo: □ *Yo pensaba que el euro llevaba menos tiempo, pero mi compañero me ha dicho que...*
   ■ *Sí, es verdad. Felipe me ha comentado lo mismo.*

¿Y en tu país? ¿En que años se produjeron cambios o acontecimientos importantes para la Historia? ¿Qué pasó? Prepara una pequeña presentación por escrito y después, léela en voz alta para todos tus compañeros.

5. Ahora vamos a reflexionar sobre tu capacidad para comprender cuando escuchas:

1) ¿Qué cosas nuevas (palabras, estructuras, expresiones…) has aprendido en esta unidad?
2) ¿Te parecen útiles?
3) ¿Cuándo piensas que las pondrás en práctica?
4) A la hora de escuchar, ¿te pones nervioso si no lo entiendes todo?
5) ¿Qué te hace más difícil la comprensión: el vocabulario, el acento del interlocutor, la velocidad, el ruido ambiental…?

A. Señala qué recomendaciones crees que son acertadas y cuáles no para mejorar tu capacidad de comprensión oral.

👍	👎	
		1. Intenta comprender las palabras en clase y conectarlas con otras nuevas o ya conocidas.
		2. Deberías comprenderlo todo o de lo contrario no habrás aprendido nada.
		3. Ayúdate de otros elementos no lingüísticos: tono de la voz, modo de intervención de las personas que hablan…
		4. Debes comprender todos los diálogos de una película, así mejorarás tu capacidad de aprendizaje.
		5. No te obsesiones con entenderlo todo. Debes comprender solo las ideas principales.
		6. Será esencial que entiendas la mayor parte de las palabras de una canción porque esto significa que tu capacidad de comprensión ha mejorado.

B. ¿Podrías enunciar de forma correcta las recomendaciones poco acertadas que has señalado?, ¿se te ocurre alguna más?

5 MIS VIRTUDES Y DEFECTOS

DESCRIPCIÓN DEL ASPECTO
Y CARÁCTER. REFERENCIAS
A DATOS BIOGRÁFICOS

PARA EMPEZAR

I. ¿Sabes qué es una virtud? ¿Y un defecto? Aquí tienes un montón de adjetivos y expresiones, clasifícalos según sean virtudes o defectos. ¡Suerte!

creído/a		
creativo/a		
quejica		
repipi		
apático/a		
puntilloso/a		
de fíar		
despistado/a		
con talento		
de armas tomar		
sereno/a		
flojo/a		
chulo/a		
con sentido común		
cálido/a		
comprensivo/a		
con carácter		
con afán de superación		

2. En parejas, definid las características que tiene que poseer una persona para aplicarle una de las palabras del ejercicio anterior. ¿Conoces a alguien así? Preséntanoslo/a y háblanos un poco de él/ella.

22

3. A. Vicente y Lola han escrito a la sección de contactos de un periódico digital para buscar nuevos amigos o, quizá, su media naranja… Lee atentamente sus correos electrónicos:

---

www.cadaovejaconsupareja.com   `Ayuda`

CHICO SOLTERO BUSCA…

¡Hola! Me llamo Vicente. Tengo 35 años. Soy administrativo, de Valencia, pero ahora estoy viviendo en Barcelona por motivos de trabajo. Solo llevo aquí dos semanas, por eso estoy más solo que la una y me gustaría conocer a alguien para amistad o lo que surja… Soy moreno, de estatura media, ni gordo ni delgado… Tengo el pelo negro y ondulado, y siempre lo llevo cortito. No soy guapo, pero siempre me han dicho que soy resultón. Me considero una persona abierta, sociable y con don de gentes. También tengo defectos, claro, mi impaciencia y nerviosismo son dos de ellos. Mi estilo es clásico, me gusta llevar camisas, pantalones de vestir, mocasines… Nada que se salga de lo normal. En mi tiempo libre me gusta leer novelas, ir al cine… Me encanta la ciencia ficción. No salgo de marcha por la noche, no estoy yo para esa vida. Echo de menos la música de los ochenta y no me hace mucha gracia la de ahora. ¡Ah!, se me olvidaba, me entusiasma el fútbol. Soy forofo del Valencia. En conclusión, soy una persona normal, del montón, como se suele decir. Si te parezco interesante, ponte en contacto conmigo. A lo mejor merece la pena. ¿Lo intentamos?

Vicente

SOLTERA Y SIN COMPROMISO

¡Hola! Soy Lola. Tengo 20 años. Estoy soltera y sin compromiso. Nací en Málaga pero vivo aquí en Barcelona desde los diez años. He dejado de estudiar porque no es lo mío. Ahora estoy buscando un trabajillo. Todas mis amigas están muy ocupadas y no tienen tiempo para salir, por eso quiero conocer a gente nueva. Soy de estatura media, peso 60 kilos, tengo el pelo largo, rubio y con rastas. Aunque esté mal que yo lo diga, soy bastante mona… dinámica y divertida… No me preocupa mucho el futuro. Siempre pienso en el presente y no me asustan los problemas… Soy muy emprendedora. Me encantan los cambios. Odio madrugar ya que vivo con mucha intensidad la noche. A veces soy un poco floja y normalmente dejo para mañana lo que podía hacer hoy. Cuando salgo, bailo sin parar. ¡Ah!... Se me olvidaba… Tengo pírsines en la nariz y en el ombligo, por eso, a veces, mi abuela discute conmigo. Estoy deseando hacerme un tatuaje. Me visto con lo primero que pillo. No sigo la moda convencional porque no quiero que nadie me diga lo que tengo que ponerme, ya soy bastante mayorcita. Tampoco me compro mucha ropa. Eso me parece puro consumismo. No leo mucho, ni voy al cine porque no me divierte... Bueno ya me conoces un poco, si te apetece que nos conozcamos ya sabes dónde encontrarme. Te espero, ¿vale?

Lola

`N C S A`   `ENVIAR`

B. Imagina que Lola ya ha leído el mensaje de Vicente y Vicente el de Lola. ¿Crees que son compatibles?, ¿por qué? ¿Cómo te llevarías tú con ellos? Razona tus respuestas. Puedes usar estas expresiones.

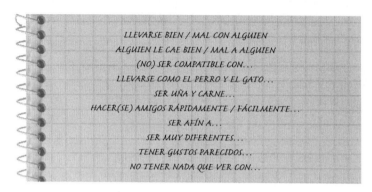

LLEVARSE BIEN / MAL CON ALGUIEN
ALGUIEN LE CAE BIEN / MAL A ALGUIEN
(NO) SER COMPATIBLE CON...
LLEVARSE COMO EL PERRO Y EL GATO...
SER UÑA Y CARNE...
HACER(SE) AMIGOS RÁPIDAMENTE / FÁCILMENTE...
SER AFÍN A...
SER MUY DIFERENTES...
TENER GUSTOS PARECIDOS...
NO TENER NADA QUE VER CON...

C. Ya conoces un poco más a nuestros dos amigos. Si pudieras hablar con ellos, ¿qué les desearías para el futuro?

UN POQUITO MÁS

4. En español si hablamos de cómo somos, no es lo mismo *ser* que *estar*... No es lo mismo *ser bueno* que *estar bueno* ni *ser guapo* que *estar guapo*... ¿Ocurre algo parecido en tu lengua o es que los españoles somos muy complicados?

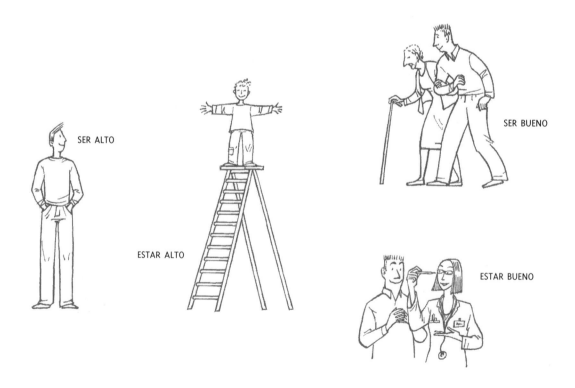

SER ALTO

ESTAR ALTO

SER BUENO

ESTAR BUENO

◀ A. Escucha estos diálogos y completa el cuadro con la información que te pedimos. ¡Ojo! hay una expresión con **estar**.

	¿Quién/es habla/n?	¿De qué habla/n?	Expresión con SER o ESTAR	Significado
1.				
2.				
3.				
4.				
5.				
6.				
7.				
8.				
9.				

B. Ahora es el verbo *estar* el que acompaña a los adjetivos que aparecen en las expresiones del ejercicio anterior. En parejas tratad de descubrir su nuevo significado y después contestad de forma oral a las siguientes preguntas. Podéis pedir ayuda a otros compañeros.

1) ¿Alguna vez **has estado muy grave** y te han ingresado en un hospital? ¿Qué enfermedad padecías?

2) ¿Crees que todavía **estás verde** en español? ¿Qué piensas hacer para mejorar?

3) Cuenta a tus compañeros una situación en la que **hayas estado** o te hayas sentido **violento/a**.

4) A veces es mejor **estar callado/a** que hablar y meter la pata. ¿Te ha ocurrido esto alguna vez? ¿Lo explicas?

5) Imagina que tu jefe te ha explicado algo y tú no **has estado atento/a**. ¿Cómo reaccionarías si él te hace una pregunta?

6) ¿Cuál es el tiempo máximo que **has estado despierto/a**?

7) **Estoy negro/a** de tanto trabajar, ¿y a ti, qué te pone negro?

8) Cuándo vas a salir los fines de semana, ¿necesitas mucho tiempo para **estar totalmente listo/a** (duchado, vestido…)?

9) Imagina que visitas a un amigo español que **está malo** en la cama, ¿qué le desearías al despedirte?

www.deciudadenciudad.es

CIUDAD: _____

1. La ciudad donde estudia español es...
Ciudad de provincias ☐
Demasiado grande ☐
Demasiado pequeña ☐
Turística ☐
Histórica ☐
Dormitorio ☐

2. Comunicación y medios de transporte   sí   no
¿Existen problemas con el tráfico y los atascos? ☐ ☐
¿Hay suficientes medios de transporte? ☐ ☐
¿Se puede decir que hay un buen funcionamiento de los medios de transporte? ☐ ☐
¿Son económicos los transportes públicos? ☐ ☐

3. Educación   sí   no
¿Hay suficientes institutos y escuelas públicas? ☐ ☐
¿Cuenta con suficientes centros de formación profesional? ☐ ☐
¿Cuenta con universidad o escuelas técnicas superiores? ☐ ☐

4. Servicios sanitarios
¿Está dotada de un número suficiente de hospitales y ambulatorios? ☐ ☐
Son servicios sanitarios con un funcionamiento...
Excelente ☐   Muy bueno ☐   Bueno ☐   Aceptable ☐   Deficiente ☐
¿Cuenta con un número suficiente de dispositivos de emergencia sanitaria? ☐ ☐

5. Cultura y deporte   sí   no
¿Se accede fácilmente a la práctica de actividades deportivas? ☐ ☐
¿Se ofrecen suficientes actividades culturales (conciertos, obras de teatro, exposiciones, conferencias...)? ☐ ☐

6. Servicios
¿Hay una oferta nocturna variada? Haz una valoración (del 1 al 5) de los:
– restaurantes ☐   – discotecas ☐   – bares ☐
– parques de atracciones ☐   – pubs ☐   – zonas de esparcimiento ☐

7. Clima
¿Tiene un clima?   Frío ☐   Templado ☐   Caluroso ☐   *Otros* ☐

8. La gente es...
Seria ☐   Hospitalaria ☐   Abierta ☐   Antipática ☐
Cerrada ☐   Cosmopolita ☐   Simpática ☐   Entusiasta ☐

9. Problemas   sí   no
¿Se consumen muchas drogas? ☐ ☐
¿Se detectan problemas con la violencia? ☐ ☐
¿Se observan brotes de racismo? ☐ ☐
¿Existen problemas con la delincuencia? ☐ ☐

10. OTROS COMENTARIOS

A. La página **www.deciudadenciudad.es** ha sido creada con la idea de que los ciudadanos expongan sus quejas, protestas o sugerencias de la ciudad en la que viven. Con tu compañero, completa el test porque queremos conocer vuestra opinión sobre la calidad de vida de la ciudad donde estudiáis español. Podéis señalar más de una respuesta.

B. Ahora, redactad un pequeño texto con vuestras conclusiones. Después comentadlo en gran grupo. Para ordenar las ideas, usad estos elementos.

> En primer lugar...   En segundo lugar...   Por un lado..., por otro...   Para mí...
>
> Considero que...   Encuentro que...   En mi opinión...   Por lo que se refiere a...
>
> En cuanto a...   Como conclusión... / Para terminar...

2. Al foro de **www.deciudadenciudad.es** acuden muchos internautas para expresar lo que les agrada o desagrada de la ciudad en la que viven. Lee algunos de sus comentarios y reacciona dando tu opinión o expresando un consejo o recomendación. Puedes ayudarte con las fórmulas que te ofrecemos. Discutid en gran grupo.

AUTOR	MENSAJE
Rosario 68 años, jubilada	¡Estoy hasta el moño de los ruidos del fin de semana! Más de cien jóvenes se reúnen en la plaza de aquí abajo… Y entonces se acabó el dormir bien. Y, por si fuera poco, al día siguiente amanece todo hecho un asco: papeles, latas, botellas… En fin, un desastre.
En mi opinión, no se debería sorprender de que…	
Alfredo 30 años, profesor	La gente lo tira todo por el suelo. Parece como si las papeleras no existieran ¡Es increíble! Restos de comida, plásticos, muebles… Bueno, y de las cacas de perro…, mejor ni hablamos… No reciclamos nada. Deberíamos pensar de otra forma o les dejaremos un triste futuro a nuestros hijos.
Para que se evitara este problema, la gente tendría que…	
Samuel 26 años, administrativo	Pues sí, tienes razón. Los minusválidos nos encontramos con muchísimas barreras arquitectónicas y eso nos dificulta, enormemente, cosas tan cotidianas como salir a la calle, comprar en un supermercado, entrar en un restaurante… No sé en qué están pensando los gobernantes que no hacen nada para solucionar este problema.
Estoy de acuerdo contigo, lo que pasa es que…	

3. Dos de las ciudades más importantes del mundo latino son Ciudad de México (México) y Santiago de Compostela (España). Lee las recomendaciones para visitarlas que nos hacen dos lectores de la revista electrónica «Devisita».

«A México se le quiere o se le odia. Reúne todo lo que se puede esperar de la mayor metrópoli del mundo. Está llena de contradicciones: cuenta con palacios coloniales y suburbios de chabolas; un tráfico ensordecedor y lugares tranquilos; grandes miserias y grandes riquezas; parques verdes y el aire más contaminado. Se encuentran alojamientos de toda clase, aunque los mejores hoteles con precios asequibles se concentran al oeste del Zócalo, cerca de la Alameda Central y de la Plaza de la República. Hay restaurantes para todos los gustos y presupuestos, de modo que si lo que deseas tomar es un plato de *chow mein* o un taco, seguro que lo encuentras en este enorme laberinto. Una de las mejores cosas dentro de la ciudad es patinar sobre hielo en la Pista de San Jerónimo. Hay numerosos museos y destaca el Museo Nacional de Antropología. También es muy recomendable pasear por la Plaza de las Tres Culturas, un oasis de paz en la ciudad. Allí pueden visitarse los restos del principal templo piramidal de Tlatelolco y otros edificios aztecas. En fin, una ciudad que se mueve a un ritmo rápido e impredecible: no te aburrirás ni un segundo.»

Raquel González

«Hay quien dice que Santiago es una aparición de piedra entre verdes bosques y rías... Patrimonio Cultural de la Humanidad, es un extraordinario conjunto de monumentos agrupados alrededor de la tumba del Apóstol Santiago. La catedral es una obra maestra del arte románico y el casco histórico es digno de una de las más grandes ciudades santas de la cristiandad. Posee monasterios de granito, numerosas iglesias, casas señoriales y plazas donde el tiempo parece haberse detenido. Pero también hay tiempo para la cultura, desde las fiestas populares  hasta los festivales anuales de música, cine y teatro, exposiciones permanentes e itinerantes... Al año recibimos a varios millones de visitantes... ¿A qué esperas para ser uno de ellos?»

Carlos Rivas

Ahora las conoces mejor. Compáralas con una ciudad de tu país que sea muy popular.

Piensa en los viajes que has hecho a lo largo de tu vida y completa la siguiente tabla. Después, en gran grupo, estableced un diálogo comentando vuestras experiencias.

LUGARES

UN MONUMENTO IMPRESIONANTE: _____

UN TEATRO CON HISTORIA: _____

UNA CALLE PINTORESCA: _____

UN PAISAJE ROMÁNTICO: _____

UN PARQUE NATURAL: _____

UN CASCO ANTIGUO: _____

UN BAR TÍPICO: _____

UN RESTAURANTE DIFERENTE: _____

UNA TIENDA ORIGINAL: _____

UN HOTEL ACOGEDOR: _____

UN RINCÓN ESPECIAL: _____

UN BARRIO BOHEMIO: _____

DESCRIBE: Situación

EXPLICA:
- Características y peculiaridades del lugar
- Actividades que se pueden realizar
- Curiosidades
- Experiencias

ARGUMENTA POR QUÉ LO HAS ELEGIDO.

RECOMIÉNDASELO A ALGUIEN CONCRETO.

RECURSOS: Internet, folletos turísticos, enciclopedias, tus álbumes de fotos para refrescar la memoria, etc.

UN POQUITO MÁS

5. LA RUTA DE…

En pequeños grupos, imaginad que sois guías turísticos y que tenéis que preparar una ruta muy especial por una ciudad determinada. Se trata de un paseo por los lugares en los que nació, vivió, estudió, se enamoró, etc., uno de los personajes famosos de esa ciudad.

Podéis elegir cualquier ciudad o región de habla hispana. Si necesitas ayuda, busca en alguna de estas páginas de Internet: www.mundolatino.es, www.museopicasso.es, www.penelopecruz.es, www.migueldecervantes.es

Después de preparar vuestro trabajo, exponedlo en clase.

> **ALGUNAS IDEAS**
> La ruta de Picasso en Málaga
> La ruta del Quijote en la Mancha
> La ruta de Gabriel García-Márquez en Bogotá
> La ruta de Velázquez en Sevilla
> El Madrid de Penélope Cruz

¡POR FIN VIERNES!

PARA EMPEZAR

1. Hablemos del ocio y del tiempo libre ¿Conoces muchas palabras para hablar de este tema? Entre toda la clase, haced memoria y completad la lista con palabras pertenecientes a estos ámbitos. Buscad ayuda entre los compañeros, en el diccionario o preguntad a vuestro profesor.

MÚSICA	CINE	TELEVISIÓN	TEATRO
Concierto…	Película…	Programa…	Obra…

DEPORTES	ARTE	LITERATURA	OTRAS ACTIVIDADES DE OCIO
Fútbol…	Pintura…	Libro…	Hacer crucigramas…

2. Estos españoles te cuentan cómo pasan su tiempo libre. Reacciona con respeto y cortesía aunque «poniendo peros» a sus palabras de acuerdo con tus preferencias o gustos.

ROGELIO, 66 AÑOS
«No soporto quedarme en casa sin hacer nada… Prefiero salir a jugar una partidita de dominó con mis amigos, tomarme un cafelito en el hogar del jubilado, visitar a mis nietos… Y me encanta la televisión. Puedo pasarme las horas muertas viéndola…»

MARTA, 21 AÑOS
«Me chifla que mis amigos me llamen para salir de marcha. Quedamos siempre los jueves, los viernes y los sábados. Yo prefiero los jueves. El sábado hay demasiada gente y no puedes moverte por ningún garito. Si tengo que escoger entre discotecas o pubs, me quedaría con los segundos. Odio estar encerrada en un local con la música a tope sin poder hablar…»

JULIO, 42 AÑOS
«No hay nada como leer un buen libro… Me resulta insoportable el bullicio de los locales de moda. Soy muy casero, así que eso de salir por la noche no es lo mío. Estoy acostumbrado a la tranquilidad, al descanso, una buena comidita… A la hora de reunirme con mis amigos, es mejor que vengan a casa. Tomamos una copa, charlamos, cenamos, vemos una película…»

REYES, 35 AÑOS

«Me molesta muchísimo escuchar la música de siempre. Si vas a cualquier sitio, siempre ponen lo mismo: música de los sesenta o de los ochenta, flamenco... Yo escucho chill-out. Lo descubrí en mi último viaje a Ibiza y, desde entonces, lo llevo puesto en todas partes: en el coche, en casa, en el ordenador...»

LAURA, 10 AÑOS

«Me mola que mis padres me lleven al cine para ver las películas de dibujos animados. Mis preferidas son las de Disney: *El Rey León, Pocahontas, Cenicienta*... También me divierto mucho cuando voy a los parques de atracciones. Mi favorita es la noria. Me podría pasar horas y horas allí. ¡Me encanta!...»

PEDRO, 50 AÑOS

«El poco tiempo libre que me queda lo dedico a hacer maquetas. Me entusiasma estar horas y horas preparando las piezas, pegándolas... Sé que a mucha gente le parecerá una estupidez, pero a mí me relaja. Tengo una pequeña colección de la que estoy orgulloso. Mi próxima idea es...»

Ya, pero...

Ya, eso no está mal, pero...

Lo veo muy bien, aunque yo...

Eso está bien / muy bien, sin embargo...

No es una mala idea, pero no me convence porque...

Pero lo que pasa es que...

☐ Paso las horas haciendo zapping y me encanta porque...

■ *Ya, no está mal, **pero lo que pasa es que** a mí me aburre la televisión.*

AHORA, ¡A HABLAR!

3. Trabajas en la agencia FINDE, que se encarga de organizar actividades de ocio en el fin de semana para gente que está muy ocupada y no tiene tiempo de hacerlo. Su oferta incluye: un fin de semana romántico, rural, cultural, familiar o deportivo.

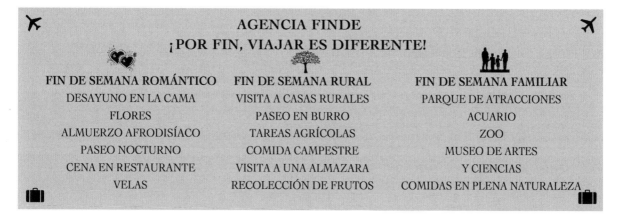

AGENCIA FINDE
¡POR FIN, VIAJAR ES DIFERENTE!

FIN DE SEMANA ROMÁNTICO	FIN DE SEMANA RURAL	FIN DE SEMANA FAMILIAR
DESAYUNO EN LA CAMA	VISITA A CASAS RURALES	PARQUE DE ATRACCIONES
FLORES	PASEO EN BURRO	ACUARIO
ALMUERZO AFRODISÍACO	TAREAS AGRÍCOLAS	ZOO
PASEO NOCTURNO	COMIDA CAMPESTRE	MUSEO DE ARTES
CENA EN RESTAURANTE	VISITA A UNA ALMAZARA	Y CIENCIAS
VELAS	RECOLECCIÓN DE FRUTOS	COMIDAS EN PLENA NATURALEZA

FIN DE SEMANA CULTURAL	FIN DE SEMANA DEPORTIVO
CONFERENCIA	RAFTING
EXPOSICIÓN DE ESCULTURA	SENDERISMO
MUSEO	ESCALADA
RECITAL DE POESÍA	ESPELEOLOGÍA
CINE FÓRUM	ORIENTACIÓN DEPORTIVA
TERTULIA LITERARIA	DIETÉTICA Y SALUD

A. Serás el encargado de organizar uno de esos fines de semana. Para ello tienes que elegir

> 1) Cliente: *ejecutivo estresado, matrimonio recién casado, deportista retirado, amigos…*
> 2) Tipo de fin de semana.
> 3) Actividades que propondrías a los clientes además de las ofertadas.
> 4) Planificación del fin de semana (viernes, sábado y domingo).

B. Finalmente, en plenaria deberás exponer en voz alta tu propuesta. Imagina que estás hablando con el cliente y que quieres convencerlo para que acepte tu oferta.

4. El cine y la lectura ocupan gran parte del tiempo libre de muchas personas. Seguro que has visto alguna película interesante últimamente, ¿recuerdas el título? Cuéntanos su argumento de forma resumida y realiza una pequeña crítica sobre ella.

A. Ahora tú vas a hacer de guionista. Te ofrecemos el título y algunos datos de las películas españolas o latinoamericanas con más éxito de los últimos tiempos. Con esto deberás imaginar la trama de cada una de ellas y contarla en voz alta. Si quieres conocer la historia auténtica visita estas páginas de Internet: www.todocine.es, www.zinema.com, www.labutaca.com

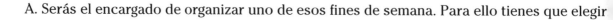

LA LENGUA DE LAS MARIPOSAS

Drama. España. 1999	Don Gregorio, 65 años: maestro de	
Director: José Luis Cuerda	Moncho. Republicano. Ama la liber-	Don Gregorio detenido por republicano.
Época: Invierno de 1936	tad.	Pueblo dividido: lucha republicanos y
Lugar: Pequeño pueblo de Galicia	Padre y madre de Moncho: familia	nacionales.
Protagonistas:	humilde. Sastre y ama de casa.	Las tropas franquistas llegan al pueblo.
Moncho, 8 años: ha salido de una	**Argumento:**	**Final:** trágico.
enfermedad. Primera vez que va a la	Amistad: Moncho-Don Gregorio.	
escuela.	Moncho descubre el mundo adulto.	

MUJERES AL BORDE DE UN ATAQUE DE NERVIOS

Comedia. España. 1989	**Protagonistas:**	**Argumento:**
Director: Pedro Almodóvar	Pepa: novia de Iván, actriz de doblaje.	Pepa e Iván rompen.
Época: Años ochenta.	Iván: actor de doblaje.	Ex mujer de Iván ingresada en hospi-
Lugar: Madrid.	Ex mujer de Iván.	tal psiquiátrico. Pepa salva a Iván.
	Paloma: abogada y amante de Iván.	**Final:** feliz.

EL HIJO DE LA NOVIA		
Drama. Argentina. 2001	**Protagonistas:**	Rafael: deudas, problemas con el
Director: Juan José Campanella	Rafael: propietario de un restaurante.	restaurante, con su novia y su ex
Época: Años noventa	Padre de Rafael: jubilado.	mujer. Padres de Rafael: quieren
Lugar: Buenos Aires.	Norma: la madre.	casarse.
	Vicky: hija de Rafael. 14 años.	Madre: Alzheimer.
	Natalia: novia de Rafael.	**Final:** feliz.

UN POQUITO MÁS

PISTA 9

5. ◀ Después del cine, los libros. Escucharás a tres personas que nos cuentan el argumento de las obras que acaban de leer. Son piezas maestras de la literatura española e hispanoamericana.

A. Lee los títulos siguientes y busca a cuál se refiere cada persona. Toma nota de alguna de las ideas que se dicen sobre cada libro.

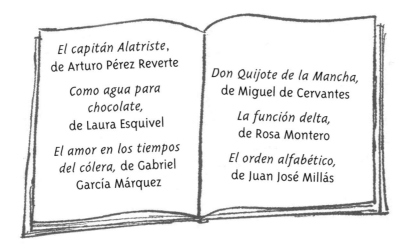

El capitán Alatriste, de Arturo Pérez Reverte

Como agua para chocolate, de Laura Esquivel

El amor en los tiempos del cólera, de Gabriel García Márquez

Don Quijote de la Mancha, de Miguel de Cervantes

La función delta, de Rosa Montero

El orden alfabético, de Juan José Millás

B. Hablamos de libros. Reflexiona sobre estas preguntas y después explica en voz alta:

1) ¿Has leído alguna de las obras citadas? Si no es así, por el título, ¿te resultan sugerentes?
2) En España, el Quijote es nuestro héroe literario más famoso. Y en tu país, ¿cuál es el personaje más popular? ¿Quién es su autor? Cuéntanos un poco la historia.
3) Cuenta a tus compañeros el contenido de ese libro que has leído recientemente y que te ha encantado. ¿Y el que menos?, ¿por qué no te ha gustado?

PARA EMPEZAR

I. ¿Viajan mucho los españoles? ¿Cómo son sus viajes?
A. Completa el cuadro valiéndote de tus conocimientos previos.

	SÍ	NO
1. Los españoles cada vez viajan más y a destinos más lejanos.	✓	
2. La mayoría de los españoles elige ciudades de <u>interior</u> del país para pasar sus vacaciones.		✓
3. A los turistas nacionales no les atrae en absoluto el turismo rural.		✓
4. Latinoamérica o Asia forman parte de los nuevos destinos de los españoles.	✓	
5. Los españoles no suelen alojarse en casa de familiares por temor a molestar.	(✓)	✓
6. Desde hace algún tiempo las vacaciones se disfrutan en dos períodos del año.		✓
7. A causa de los portales de viajes on-line, las agencias tradicionales atraviesan una profunda crisis.		✓
8. El autobús continúa siendo, después del coche, el medio de transporte más usado.		✓

PISTA 10

B. ◀ Ahora compara tus respuestas con los datos que nos ofrece el programa de radio *Al día*.

AHORA, ¡A HABLAR!

2. Queremos saber cómo son los viajes de la gente de tu país. Lo vas a explicar tú, ¿qué te parece? Puedes hablar sobre lo siguiente:

- DESTINO
- ALOJAMIENTO
- PERÍODOS DE VACACIONES
- ORGANIZACIÓN DEL VIAJE
- MEDIOS DE TRANSPORTE
- PRECIO

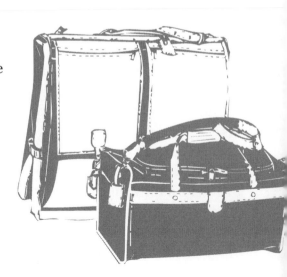

3. ◀ Unos chicos extranjeros han viajado por España y han conocido alguna de sus fiestas.

A. Escucha la grabación y marca las que se mencionan. Anota también cuándo se celebran.

	SE CELEBRA/N EN
LA TOMATINA	agosto, valencia, Puñol
LAS FALLAS	Shigaru, marzo
LOS SANFERMINES	julio, Marcelo
LA FERIA DE MÁLAGA	Ronald, agosto
EL CARNAVAL DE CÁDIZ	
LA SEMANA SANTA DE SEVILLA	

B. Escucha de nuevo a los chicos y marca aquello que **NO** nos han contado:

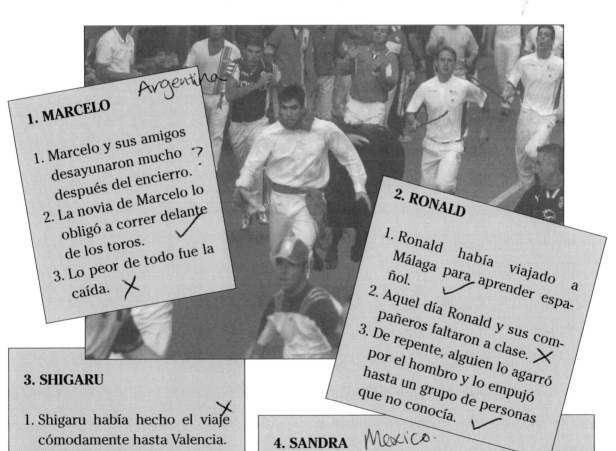

1. MARCELO Argentina

1. Marcelo y sus amigos desayunaron mucho después del encierro. ?
2. La novia de Marcelo lo obligó a correr delante de los toros. ✓
3. Lo peor de todo fue la caída. ✗

2. RONALD

1. Ronald había viajado a Málaga para aprender español. ✓
2. Aquel día Ronald y sus compañeros faltaron a clase. ✗
3. De repente, alguien lo agarró por el hombro y lo empujó hasta un grupo de personas que no conocía. ✓

3. SHIGARU

1. Shigaru había hecho el viaje cómodamente hasta Valencia. ✗
2. Conocía perfectamente la ciudad donde estaba. ?
3. Se sorprendió al ver las calles llenas de figuras. ✓

4. SANDRA Mexico.

1. Sandra sabía algo de la fiesta por televisión. ✓
2. Justo cuando llegó, empezó la fiesta. ✗
3. No tuvo tiempo para disfrutar de la diversión. ✓

C. Seguro que tú has vivido algún momento tan divertido o tan curioso como estos. ¿Por qué no se lo cuentas a un compañero/a? Después, él/ella será el encargado/a de contárselo al resto de la clase. Puedes ayudarte con estos recursos de cohesión textual:

Como	Total que	Y en eso que
Resulta que	Por eso	Al final
Porque	Así que	De repente
Ya que	De pronto	Al cabo de
Y entonces	De modo que	

UN POQUITO MÁS

PISTA 12

4. ◀ Ningún viaje es perfecto. Siempre hay algún problemilla... Trata de averiguar lo que falta en los siguientes diálogos. Después, escucha las grabaciones para descubrir los verdaderos problemas que han tenido estas personas.

A.

1.

■ ¡_____! Me he confundido de _____ y he cogido de la cinta transportadora la que no era.

☐ Bueno, mujer, ¡Cálmate que no es el fin del mundo!

2.

■ ¡_____! Te llamo para decirte que ha habido un error en la _____ del hotel y ahora no tengo dónde quedarme porque no hay nada libre.

☐ ¡No pasa nada! Tranquilízate. Te busco en Internet, a ver si queda algo y te llamo...

3.

■ ¡_____! ¡Lo que me faltaba! Me acaban de robar el _____ y dentro esta-

ba el _____ de avión.

□ Espera un momento, no te agobies, lo primero es poner la denuncia…

B. Localiza en los diálogos las fórmulas usadas para tranquilizar o calmar los nervios de la persona con la que se habla ¿Conoces algunas otras? Exponlos en plenaria.

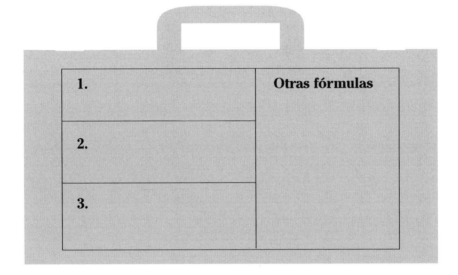

	Otras fórmulas
1.	
2.	
3.	

C. ¿Cómo se reacciona ante los contratiempos? Señala las expresiones que aparecen en el texto. Añade algunas más a la lista.

D. ¿Has vivido alguna experiencia parecida a la de los diálogos? ¿Qué hiciste para solucionar el problema que te surgió? Cuéntalo en gran grupo.

PARA EMPEZAR

1. A todos nos interesa el mundo de la informática y de Internet. Vamos a aprender un poco de léxico de este ámbito. Busca en esta sopa de letras las palabras que aparecen en el monitor.

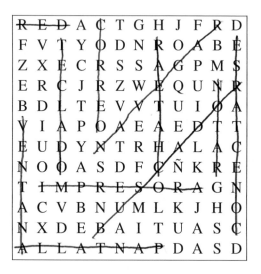

RED   CORREO   BUSCADOR
NAVEGAR   TECLADO
RATÓN   CHATEAR
VENTANA   PANTALLA
IMPRESORA   CONECTARSE

AHORA, ¡A HABLAR CON...!

2. Lee la opinión del abuelo Manolo sobre este tema:

«Tengo más de 90 años y con mi edad he visto muchas cosas. Pero de esto de Internet no tengo ni idea... Yo escucho a mis nietos hablando de un ratón, una ventana y de navegar... Y pienso... ¿de qué hablan? Si no tienen mascota, ni ningún barco. En fin, ¡a ver quién me explica esto a mí!»

A. Imagina que vas a hablar con el abuelo para explicarle qué significan estos términos relacionados con la informática e Internet. Prepara tus definiciones. Puedes ayudarte con el diccionario.

PINCHAR
TECLADO INALÁMBRICO
FORO
PÁGINA WEB
TABLETA
CONTRASEÑA
BLOG
RED SOCIAL
BUSCADOR

B. Ahora el abuelo conoce un poquito más del mundo de la informática. Después de un rato de charla sobre el tema, el abuelo hace estos comentarios:

1.	«¿Jugar? Toda la vida se ha jugado en la calle, corriendo, saltando…»
2.	«¿Hacer amigos? Antes se hacían en tu barrio, en la escuela… Como tiene que ser…»
3.	«¿Buscar trabajo? Uno iba y lo buscaba preguntando por aquí, por allí…»
4.	«¿Leer en una pantalla? De siempre hemos tenido nuestros libros o nos los han prestado… Pero, ¿en una pantalla?…»
5.	«¿Comprar sin ver o tocar lo que se compra? ¿Eso dónde se ha visto?…»
6.	«¿Que puedes encontrar tu media naranja? Antes se iba a un baile, nos hablábamos, nos mirábamos…»

Conociendo sus opiniones, ¿cómo lo convencerías de las ventajas de la Red?

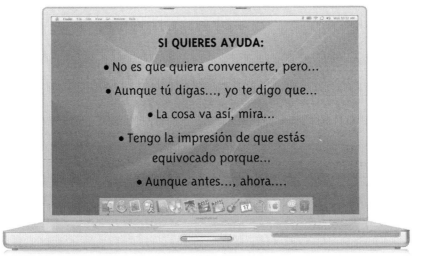

SI QUIERES AYUDA:
• No es que quiera convencerte, pero…
• Aunque tú digas…, yo te digo que…
• La cosa va así, mira…
• Tengo la impresión de que estás equivocado porque…
• Aunque antes…, ahora….

3. La Red se ha convertido también en una nueva forma de ligar o de conocer gente. Nos hemos conectado a un chat y tres internautas están hablando sobre este asunto. Lee y fíjate en sus opiniones:

CHATEANDO

Lu: ¿Ligar por Internet? ¿Qué dices? ¡Qué tontería!

Hata: Pues sí… Hay que adaptarse a los nuevos tiempos. ¡Que eres muy carca!

Lu: Vale, puede ser, pero a mí me parece muy frío…

Hata: ¿Por qué? No te entiendo.

Lu: Pues, porque yo necesito hablar cara a cara… Así no hay sentimientos.

Hata: ¡Anda! ¡Deja de decir chorradas!

Ego: Hata, no te pongas así con Lu. Las dos tenéis parte de razón…

Lu: ¡Venga! Explícate

Ego: Bueno, Internet está guay porque te da la oportunidad de hacer amigos nuevos… Claro que siempre te puedes encontrar con alguien que mienta o con algún fantasma…

Hata: Yo hablo por mí. Conocí a mi chico así y me ha ido muy bien…

Lu: A mí me da igual lo que digáis… Con la de locos que andan sueltos por ahí ¡Ni en broma me lío yo así con nadie!

Ego: Creo que no hay que cerrarse a nada… Disfrutar de esas nuevas experiencias no significa decir que no a las formas tradicionales de conocer gente.

Internet zone

A. En la conversación en el chat han aparecido algunas expresiones coloquiales. Conecta cada una con su significado:

CHORRADA	1.	a.	persona que aparenta lo que no es.
LIARSE CON	2.	b.	es muy bueno, estupendo, genial.
SER UN CARCA	3.	c.	tontería.
ESTAR GUAY	4.	d.	tener una relación amorosa pasajera con alguien.
FANTASMA	5.	e.	tener ideas y actitudes muy tradicionales.

B. Como ves, en la conversación se presentan opiniones bien diferentes. Recoge las expresiones que usan en el diálogo para hablar de acuerdo, desacuerdo o acuerdo parcial. Puedes añadir otras que tú conozcas:

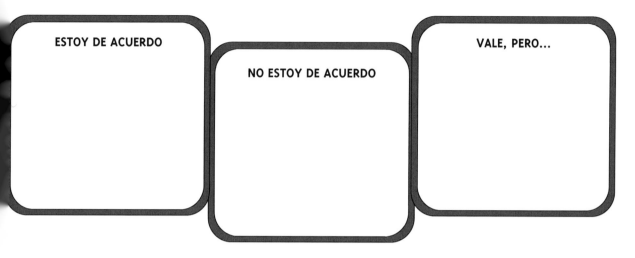

ESTOY DE ACUERDO

NO ESTOY DE ACUERDO

VALE, PERO...

C. ¿Tienes curiosidad por saber la opinión de tus compañeros sobre conocer gente o ligar a través de los chats? Preparad en parejas una batería de preguntas y, en plenaria, hablad sobre el tema. Aquí te sugerimos algunas.

1. ¿Con cuál de las opiniones de los internautas anteriores te identificas más?
2. ¿Conoces a alguien que haya ligado así? ¿Y a alguien que haya tenido una mala experiencia con la Red?
3. Y tú, ¿has hecho buenos amigos en los chats? ¿Has conocido a alguien interesante?
4. ¿Para qué otras cosas usas Internet?
5. ¿Puedes decir que Internet es un recurso fundamental en tu vida? ¿Sabrías vivir sin la Red? Explícanos tus opiniones.

Un poquito más

4. En pequeños grupos, elaborad un informe bien redactado sobre los peligros de la Red (*virus, piratería, estafas…*). Después exponedlo en gran grupo. Podéis hacer un mural con las ideas principales del trabajo y algunos documentos, fotos, estadísticas u otros elementos alusivos al tema. Sería una buena idea, si es posible, colgarlo en Internet.

Para:	estudiantes españoles
Asunto:	Direcciones de interés
Enviado:	30/2/2006

Te envío algunas páginas de interés:
www.univisión.com, www.elmundosalud.es, www.desenredate.com/artículos/estafas-internet.

10 ¿TE APUNTAS...?

PARA EMPEZAR

I. Unos amigos madrileños te explican formas de comportamiento y de actuación de los espa‑
ñoles en diferentes situaciones cotidianas. Después de mostrar tu asombro, explícales có‑
mo es en tu país. Puedes ayudarte usando las expresiones del cuadro.

Carlos: «Aquí no pasa nada si has quedado con tus amigos y llegas cinco, diez, quince..
minutos más tarde. Estamos acostumbrados.»
TÚ: _____

Montse: «Somos capaces de estar diez minutos discutiendo para ver quién paga el café
todos queremos pagar... En fin, te parecerá cómico, pero es así...»
TÚ: _____

José María: «Cuando pagamos la cuenta, si somos un grupo, el total se divide entre todos..
Pagamos a escote. No importa quién haya comido más o menos...»
TÚ: _____

Paqui: «Cuando estás de visita en casa de un amigo o de sus padres y te invitan a tomar algo, primero
decimos que no, que ya hemos comido, que ya nos vamos... Pero si insisten, entonces, aceptamos.»
TÚ: _____

Antonio: «Si estamos invitados a comer, aunque no nos guste todo lo que nos han preparado, no para‑
mos de decir lo bueno que está, lo bien que han cocinado, preguntamos cómo se hace, qué lleva...»
TÚ: _____

Lola: «Nos encanta ir de tapas, pero a veces, si tenemos más hambre, pedimos raciones y
comemos todos en el mismo plato... Igual hacemos con la ensalada; todos pinchamos lechu‑
ga, tomate, cebolla,... del mismo plato.»
TÚ: _____

EXPRESAR SORPRESA O ASOMBRO
No puede ser
No me lo creo
¿Estás de broma?
¿Lo dices en serio?
¿De verdad?
¡No me digas!
¡Increíble!
¡Anda ya!

2. ◀ Laura está en casa de Salvador. Llega la hora del almuerzo y la invita a que se quede a comer. Ordena cada una de las intervenciones de una forma lógica y, después, escucha y comprueba si lo has hecho bien.

☐ **Madre:** Bueno mujer, pues llámala y se lo dices… he hecho una paellita…
☐ **Madre:** ¡Venga! A la mesa… ¡Que es hora de comer…!
☐ **Madre:** Venga, que te pongo tu plato.
☐ **Laura:** ¡Ay no, gracias! Es que mi madre me estará esperando.
☐ **Laura:** Bueno, ya está. Pues me quedo… ¡Uy! ¡Qué buena pinta tiene la paella!
☐ **Laura:** Umm… Es que no sé…
☐ **Salvador:** ¿No te apetece…? Mi madre tiene unas manos para la cocina… Lo hace todo buenísimo, para chuparse los dedos…
☐ **Salvador:** Laura, quédate a comer con nosotros.

AHORA, ¡A HABLAR CON…!

3. Has abierto tu correo electrónico y tienes tres invitaciones de amigos. Las tres son muy interesantes pero, hay un pequeño problema, son el mismo día y a la misma hora.

A. Lee sus correos electrónicos para saber qué te proponen.

Para:	carolo@yahoo.es
Asunto:	Fiesta de disfraces
Enviado:	30/2/2006

¿Qué pasa, tío?
Si no tienes nada que hacer el sábado, vente a mi casa a eso de las nueve… Lo vamos a pasar bomba. Paula, Pepe, María… en fin, todos, hemos pensado hacer una fiesta de disfraces. La verdad es que tenemos que decidir todavía de qué nos vamos a disfrazar… Pero, bueno, tranquilo, seguro que se nos ocurre algo divertido ¿Por qué no me llamas y hablamos?

Hasta pronto

Para:	lope@hotmail.es
Asunto:	Gran fiesta de las tapas ¡Apúntate!
Enviado:	30/2/2006

¡Hola! ¿Qué tal?
Este sábado es la fiesta de las tapas en la plaza Central. Hay comida de todos los países del mundo… ¡Nos vamos a poner las botas! ¿Te apuntas? Será el sábado a las 9.

Llámame para quedar.

Nos vemos

Para:	pacomer@hotmail.es
Asunto:	Despedida de soltero
Enviado:	30/2/2006

¿Qué hay? ¡Anula todos tus planes para el fin de semana! El sábado, alrededor de las nueve, tenemos la mejor despedida de soltero de la historia…. Ya sabes, cenaremos primero en el Mesón de Pepe y, después, lo que surja… Fiesta, diversión y baile garantizados. No deberías faltar, será una fiesta increíble…

Ponte en contacto conmigo y hablamos de todos los detalles.

Hasta luego

B. Prepara la conversación telefónica con tus amigos. Estas notas te ayudarán a hacerlo. En ellas hay pistas con las que sabrás qué invitación vas a aceptar y cuáles tienes que rechazar

PRIMERA LLAMADA

Ana: Sí, ¿dígame?

Tú: _____

Ana: ¿Cómo estás? ¿Qué pasa?

Tú: _____

Ana: ¡No me digas! Pero, ¿por qué?

Tú: _____

Ana: ¡Qué pena! ¡Otra vez será! Me gustaría que pudieras venir porque seguro que podremos probar platos de todo el mundo y lo pasaremos genial… De todas formas ¡que te diviertas! Y llámame cuando quieras… Tengo ganas de verte y charlar un ratito…

Tú: _____

Ana: Venga, hasta otro día.

SEGUNDA LLAMADA

Pepe: ¿Sí?

Tú: _____

Pepe: ¡Hombre! ¿Cómo estamos? Me imagino que me llamabas por lo de la fiesta de disfraces ¿vendrás? ¿no?

Tú: _____

Pepe: ¡Vaya hombre! ¿Estás seguro de que no vas a cambiar de opinión?

Tú: _____

Pepe: ¿Y si te pasas un ratito antes de lo de la despedida?

Tú: _____

Pepe: ¿No será que no quieres venir?

Tú: _____

Pepe: Vale ¡está bien! Pero la próxima vez no te escapas.

Tú: _____

Pepe: Nos vemos. Adiós.

TERCERA LLAMADA

Alberto: ¿Diga?

Tú: _____

Alberto: ¿Cómo andas?

Tú: _____

Alberto: ¡Qué bien! No podías faltar a mi despedida… Me alegro de que puedas venir.

Tú: _____

Alberto: Creo que no va a faltar nadie. Nos lo vamos a pasar de muerte. Ya lo verás.

Tú: _____

Alberto: Si quieres, pásate por mi casa y nos vamos juntos. ¿Te parece bien?

Tú: _____

Alberto: Por cierto, díselo también a Pedro si lo ves, porque no he podido ponerme en contacto con él, ¿vale?

Tú: _____

Alberto: De acuerdo. Hasta el sábado.

PISTA 14

C. ◀ Ahora escucha la grabación y contesta de acuerdo con lo que has escrito.

A FIESTA DE LAS NACIONES

.. Termina el curso y vais a organizar una fiesta de despedida. Hay muchas cosas que preparar: comida, bebida, música, decoración…

A. En gran grupo, completad estas listas con todo lo que necesitéis y tachad lo que no os guste:

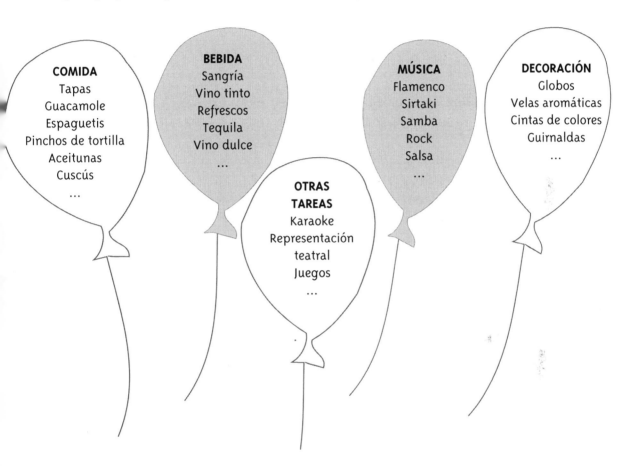

COMIDA
Tapas
Guacamole
Espaguetis
Pinchos de tortilla
Aceitunas
Cuscús
…

BEBIDA
Sangría
Vino tinto
Refrescos
Tequila
Vino dulce
…

OTRAS TAREAS
Karaoke
Representación teatral
Juegos
…

MÚSICA
Flamenco
Sirtaki
Samba
Rock
Salsa
…

DECORACIÓN
Globos
Velas aromáticas
Cintas de colores
Guirnaldas
…

B. Vais a trabajar en pequeños grupos. Cada uno se encargará de una de las tareas del cuadro anterior. En primer lugar, decidid qué grupo hace qué tarea. Posteriormente, en cada uno de los grupos dialogad y decidid qué es lo que cada persona del grupo hará en la fiesta y por qué. Ya están distribuidas todas las tareas pero falta algo, ¿dónde vais a celebrar la fiesta?, ¿a quiénes vais a invitar? Decididlo en gran grupo y tratad de solucionar los problemas de última hora que han surgido:

▶ Alguien que no quiere colaborar.
▶ Alguien que no tiene mucho dinero.
▶ Quién limpiará después de la fiesta.
▶ Cómo convencer a los profesores de la escuela para que asistan, especialmente a ese tan serio y aburrido…
▶ Alguien tímido que tiene vergüenza.
▶ Alguien que tiene otro compromiso ese día.

PARA EMPEZAR

I. Todos hemos tenido que escuchar alguna vez los clásicos tópicos sobre nuestro país, nuestra gente, nuestras costumbres... ¿Cuáles son los que se dicen de tu entorno? Cuéntaselo al resto de la clase y, a la vez, explícale la realidad.

A. Aquí tienes algunos comentarios sobre la gente de distintos países del mundo. Léelos con atención porque te sorprenderán.

El mexicano es un señor debajo de un gran sombrero de mariachi que se pasa el día cantando rancheras.

Los japoneses nacen con una cámara debajo del brazo.

Los canadienses son americanos pero sin Disneylandia.

Los franceses se pasan el día comiendo queso y bebiendo vino.

Los ingleses son puntuales como un reloj y a las 5 en punto todos toman un té.

Es más fácil poner de acuerdo a todo el mundo que a una docena de españoles.

Los alemanes son cuadriculados. No hacen nada sin planificarlo.

Los austríacos parece que no tienen vida. Solo escuchan música de violines, ya está.

Los italianos son los europeos más románticos. Siempre están cortejando a las mujeres.

B. ¿Qué te parecen estas afirmaciones? Expón tu opinión y defiéndela lo mejor posible. Como fórmula de argumentación te sugerimos el ejemplo y te ofrecemos las siguientes estructuras:

PARA PONER EJEMPLOS

A MODO DE EJEMPLO...

AHÍ ESTÁN LOS DATOS QUE LO DEMUESTRAN,...

AQUÍ TIENES UN EJEMPLO:

COMO EJEMPLO TE DIRÍA QUE...

COMO HE PODIDO VER / COMPROBAR

CON UN EJEMPLO LO ENTENDERÁS MEJOR.

PRUEBA DE ELLO ES QUE...

VALGA / SIRVA DE EJEMPLO QUE...

Ej.: Digan lo que digan, los españoles no discutimos tanto como parece.

Mucha gente piensa eso, pero no es verdad.

El problema es que hablamos en voz muy alta. **Sirva de ejemplo que** *en los bares parece que estamos locos o enfadados...*

PISTA 15

2. ◀ En el siguiente diálogo se recogen comentarios sobre diferentes costumbres españolas. Escucha la conversación las veces que sean necesarias y escribe en el cuadro los enunciados que se emplean para: *tirar/echar el arroz a los recién casados. tomar doce uvas con las campanadas de Nochevieja. desayunar churros con chocolate después de una noche de fiesta*

REACCIONAR EXPRESANDO SENTIMIENTOS (ALEGRÍA, TRISTEZA, SORPRESA...)	DEMOSTRAR QUE SE SIGUE LA CONVERSACIÓN	DAR LA RAZÓN
MANIFESTAR INCOMPRENSIÓN	REACCIONAR CON DESAPROBACIÓN	HACER PREGUNTAS Y PEDIR MÁS INFORMACIÓN

3. Antes de ir a Málaga a estudiar español, conversas con tu amigo Rafael, un español afincado en Holanda, sobre algunas costumbres españolas e hispanoamericanas. Completa el diálogo de forma escrita y, a continuación, con un compañero representa de manera expresiva la situación. Puedes usar los recursos de la actividad anterior.

1

– **preguntas – hora de la cena – en España**
– Sí. Más o menos a las diez.
– **manifiestas extrañeza o incomprensión**
– Bueno, es nuestra costumbre. Aunque dicen los médicos que no es muy sano cenar tan tarde…
– **usas una expresión para manifestar acuerdo**

2

– Yo me llamo como mi padre, mi padre como mi abuelo y mi hijo…
– **pides más información o explicaciones**
– No sé. Es una tradición. Ahora está cambiando y la gente les pone otros nombres a sus hijos. Muchas veces son nombre de personas famosas o populares del momento, nombres que suenen bien, su nombre favorito, etcétera.
– **reaccionas con desaprobación – expresas un sentimiento de sorpresa**
– Ya, pero es así.

3

– **pides información – tradición Papá Noel**
– Sí, por supuesto. Pero son más populares los Reyes Magos.
– **manifiestas incomprensión – pides más detalles sobre el tema**
– Es una fiesta que se celebra el 6 de enero. Ponemos los zapatos en la ventana y los Reyes Magos (Melchor, Gaspar y Baltasar) van con sus camellos, durante toda la noche, por todas las casas para dejar regalos a los niños y a los no tan niños…
– **reaccionas manifestando una opinión**

4

– En México se comen bichos como esos
– **manifiestas incomprensión**
– Quiero decir que en Oaxaca, en México, comen
un rico aperitivo que es el saltamontes salado.
– **expresas tu opinión**

5

– En México los entierros son una fiesta…
– **pides una aclaración**
– Los mexicanos entienden la muerte como
  el comienzo de una vida mejor…
– **das la razón – expresas tu opinión**

6

– España es uno de los países del mundo que más dinero
  se gasta en juegos de azar
– **no comprendes *juegos de azar***
– Quiero decir que nos gastamos mucho dinero en casinos,
  bingos, loterías y otros juegos como esos…
– **das la razón – pones ejemplos – España muchas loterías**
– No es el único país. En Hispanoamérica la lotería también
  es muy popular.
– **manifiestas opinión – juegos de azar**

Un poquito más

4. Vamos a analizar los tópicos y, lo que es más importante, trataremos de superarlos.

A. Primero, individualmente, pensaréis en los tópicos o estereotipos que conocéis o habéis oído de las nacionalidades presentes en la clase. Debéis recogerlas en un escrito breve.

B. A continuación, compartiréis oralmente con vuestros compañeros esas opiniones. El profesor recogerá la información atribuida a cada nacionalidad en la pizarra.

Penséis lo que penséis,…
Digan lo que digan,…
Trabajen lo que trabajen,…
Hagan lo que hagan,…
Se quiera o no se quiera…
Estéis o no de acuerdo…

C. Cuando todos hayan expresado sus comentarios, se inicia el debate. Cada alumno expondrá sus ideas y argumentará sobre la verdad o falsedad de los tópicos presentados. Debes defenderte de las opiniones de los compañeros con las que no estés de acuerdo usando estas estructuras:

El objetivo es desterrar los tópicos y estereotipos buscando el consenso, el buen entendimiento y el conocimiento auténtico de los ciudadanos de distintos países y nacionalidades, especialmente de aquellos que se den cita en el aula.

El profesor moderará el debate. Podéis interrumpir al compañero, usando frases como las del cuaderno:

• un momentito, quisiera comentar que…
• perdona que te interrumpa…
• perdón, es que quería decir que…
• no quisiera cortarte, pero es que acabas de
  decir que… y…

PARA EMPEZAR

1. Hemos recibido un correo electrónico con las últimas ofertas de una compañía de telefonía móvil. Escribe los nombres de las partes y los accesorios de este teléfono en el lugar correcto.

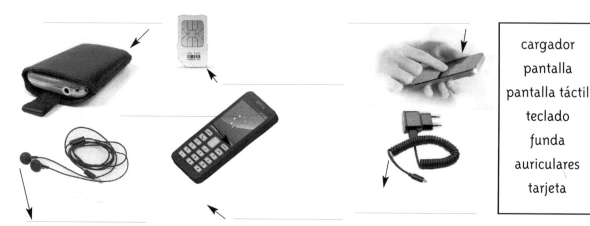

cargador
pantalla
pantalla táctil
teclado
funda
auriculares
tarjeta

2. Vas a aprender algunas expresiones relacionadas con las llamadas a través de teléfonos móviles. Trata de unir los enunciados de A con los correspondientes de B.

A	B
1. No te pude llamar	tengo que cargarla.
2. Siempre llamo a partir de las ocho,	porque no hay cobertura.
3. Cuando lo sepa,	para que sepa que has llegado bien.
4. Dame un toque	porque no tenía saldo.
5. Desde aquí no te puedo llamar	te haré una llamada perdida pero no contestes.
6. Se le está acabando la batería,	que tengo tarifa plana.

PISTA 16

3. ◀ Vas a un establecimiento especializado en telefonía móvil para adquirir un teléfono de última generación. Aquí tienes el diálogo que mantienes con la dependienta. Complétalo con las palabras y expresiones del recuadro. Después escucha la audición y compruébalo.

Dependienta: Hola, buenos días, ¿ _le atienden_?

Tú: Mire, quería comprarme un móvil, pero la verdad es que no tengo ni idea de cuál me interesa más, ¿ _podría_ _____ y enseñarme algunos modelos? A ver si así _me aclaro_.

Dependienta: Claro que sí, siéntese. En este folleto puede ver los diferentes modelos que tenemos y sus precios. Elija el que más le guste y luego le enseño el teléfono y le explico _cómo funciona_.

Tú: Este de aquí tiene internet, cámara, mp3... No está mal de precio y parece muy completo.

Dependienta: Le recomiendo mejor ese pues está dando muy buenos resultados. Tiene la mejor cámara del mercado, y puede grabar vídeos. ____Además____ la batería dura más de lo normal... __en fin__, es una maravilla...

Tú: ¿Me regalan algo con el teléfono?

Dependienta: __Por supuesto__. Viene con cable USB, auriculares y una funda. Y quinientos minutos de mensajes gratis, porque usted lo quiere con contrato, ¿verdad?

Tú: Sí, es más cómodo que con tarjeta.

Dependienta: Muy bien. Cuenta con siete días para probarlo. __Si hubiera algún problema__, lo trae y se lo cambiamos. Además, tiene __una garantía__. No debe perder la factura, __ya que__ es el justificante de la compra.

Tú: Muchas gracias, señorita. Ha sido muy amable.

Dependienta: De nada. Ah, ¡se me olvidaba! Antes de utilizarlo la primera vez, debe cargarlo durante ocho horas seguidas.

Tú: Muy bien, gracias otra vez.

> ¿le atienden?
> me aclaro
> En fin
> Por supuesto
> Además
> Si hubiera algún problema
> una garantía de un año
> ¿Podría ayudarme
> cómo funciona
> ya que

AHORA, ¡A HABLAR CON...!

4. Imagina que has probado tu teléfono móvil pero no funciona muy bien *(la batería se descarga enseguida, tiene muchos problemas de cobertura, la pantalla no tiene luz...)*, así que decides devolverlo a la tienda. ¿Cómo sería la conversación con la dependienta? Escríbela con tu compañero siguiendo las instrucciones que te damos. Cuando hayáis terminado, podréis representar la interacción real para toda la clase. ¡Suerte!

```
Dependienta: saludo
Tú: saludo - motivo de la visita -
reclamación - causa de la reclamación
Dependienta: pregunta - uso del móvil
Tú: explicación
Dependienta: tranquiliza - problema con
móvil - móvil defectuoso - móvil nuevo
Tú: agradecimiento
Dependienta: pedir disculpas - despedida
Tú: despedida
```

5. De vuelta a casa con el móvil nuevo, te acuerdas de que pasado mañana es el cumpleaños de tu madre… Decides ir a un centro comercial para comprarle el regalo. Aquí tienes algunas ideas:

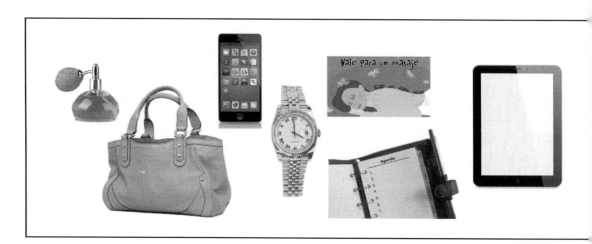

A. Junto con tu compañero, preparad el diálogo. Uno es el dependiente y el otro el comprador. Proponed dos finales, uno en el que sí se efectúa la compra y otro en el que no. Podéis ayudaros con los siguientes elementos:

REGALOS
UN RELOJ
UNA TABLETA
UN VALE PARA UN MASAJE
UN PERFUME
UN BOLSO DE FIRMA
UNA AGENDA
UN *iPHONE*
OTRO REGALO

VALORACIÓN DEL PRECIO
— Está muy bien de precio.
— Cuesta un ojo de la cara.
— No me lo puedo permitir.
— No está al alcance de mi bolsillo.
— Para ser…, no es tan caro.
— Me parece asequible.

DESPEDIRSE SIN COMPRA
— Lo siento, estaba buscando otra cosa.
— Pensándolo bien, lo dejaré para otro día.
— Gracias, me lo pienso y vengo mañana.
— Tengo que pensarlo mejor.
— Gracias, si acaso me paso otro día.

EFECTUAR LA COMPRA
— Pues, este/a. Me lo/la llevo.
— Me encanta, ¿me lo/la pone/s para regalo?
— Creo que me llevaré ese/a.
— No lo pienso más, este/a.
— Bueno, vale la pena… haré un esfuerzo y se lo/la regalaré. Póngamelo/la.
— Envuélvamelo/la Envuélvemelo/la para regalo, por favor…

B. Practicad el diálogo en voz alta y después representadlo de forma natural y espontánea. Tened en cuenta la pronunciación, la entonación, los gestos…

• A veces comprar regalos supone un gran problema: ¿le gustará?, ¿lo tendrá ya?, ¿acertaré?... Para ti, ¿es fácil comprar regalos? ¿qué tienes en cuenta? Coméntalo en clase.

A. Piensa para quién será en el próximo regalo que tienes que hacer *(para tu novia/o, familiar, amigo/a, compañero/a de trabajo...)*. Como no sabes muy bien aún lo que le vas a comprar, coméntale a tu compañero cómo es esa persona, qué le gusta, cuáles son sus aficiones..., él te ayudará a elegir el mejor regalo. Después serás tú el que lo/la aconsejes a él/ella.

FICHA SOBRE EL DESTINATARIO	RECURSOS PARA RECOMENDAR
Nombre:	Si tuviera que comprarle algo, yo le compraría...
Está interesado/a en:	Si fuera tú, le regalaría...
No le gusta nada:	A pesar de que tiene muchos..., puedes...
Tiene mucho/a/s demasiado/a/s:	Con la cantidad de... que tiene, no le vayas a comprar...
Últimos regalos:	Teniendo en cuenta que..., ¿por qué no le...?
Otras preguntas:	Pensando cómo es, sería buena idea que...

B. Finalmente cada uno explicará en plenaria a quién va a hacer el regalo y de qué se trata. De todos los regalos propuestos tendréis que elegir el más original, el más extraño, el más sofisticado, el más romántico, el más interesante, etc.

PARA EMPEZAR

I. Muchas son las situaciones en las que tenemos que quejarnos, protestar o enfadarnos. ¿Sabes expresar estos sentimientos en español? ¿Crees que es importante la entonación en estos casos? Coméntalo en plenaria.

A. A continuación, une con sentido las frases que están separadas en las dos columnas. Cuando lo hagas, habrás aprendido diversas fórmulas para expresar enfado, protesta y queja en español.

1. En la parada del autobús me repatea que *d*	a) ¡no para de llorar en todo el día!
2. Estoy hasta las narices de que mis vecinos *c*	b) no se lo puedo perdonar. ¡Estoy que echo chispas!
3. Llevo una semana sin dormir. Mi marido ronca como un león. *e*	c) tengan la música tan alta hasta las tantas.
4. Mis amigos hicieron una fiesta y no me invitaron, *b*	d) la gente no haga cola y que entre antes que yo.
5. Mañana tengo que volver otra vez, *f*	e) ¡Estoy hasta la coronilla de él!
6. Este niño me saca de quicio, *a*	f) no es normal que para solicitar la tarjeta sanitaria tenga que dar tantas vueltas.

B. Posiblemente ya conoces bastante a tu compañero y seguro que sabes lo que le gusta, pero, ¿qué es lo que le enfada o le saca de quicio? Pregúntaselo pensando en las siguientes situaciones. Después, intercambiad los papeles:

Ejemplo:
☐ *Johan, ¿qué te saca de quicio en el cine?*
■ *Me repatea que la gente no pare de comer y no te deje escuchar la película.*

En clase _____

_____

En un medio de transporte _____

_____

En casa _____

_____

En un restaurante _____

_____

En las tiendas _____

Con su pareja _____

Con sus amigos _____

En el cine _____

Con el móvil _____

Con tu compañero de piso _____

AHORA, ¡A HABLAR CON...!

2. Te contamos lo que les sucedió a Blanca y a Nieves el sábado pasado cuando fueron a cenar al restaurante *Comicalla*.

> Blanca y Nieves habían reservado mesa en *Comicalla* para cenar el sábado. Se lo habían recomendado porque decían que era el mejor restaurante de la ciudad... Cuando llegaron, el camarero les dijo que no había ninguna mesa a su nombre. Así que las invitó a que esperaran tomando algo en la barra. Después de un buen rato, las acomodó en una mesa que estaba al lado de la ventana y donde hacía mucho frío. Las chicas se quejaron al camarero y este las cambió de sitio. Los problemas continuaron cuando les trajo la comida que habían pedido. Ningún plato correspondía con lo que ellas querían. Ante su enfado, el camarero se disculpó y les trajo sus platos rápidamente, pero estaban helados. Para colmo, le tiró una copa de vino tinto a Blanca en su chaqueta nueva. La situación estaba que ardía. Las chicas tenían un enfado de mil demonios. Decidieron terminar de comer y marcharse. Pidieron la cuenta pero comprobaron que el cambio no era exacto. Les faltaban diez euros que fueron a reclamar. Finalmente, se fueron muy, muy enfadadas prometiendo no volver nunca jamás a ese restaurante.

En grupos de tres estudiantes, con la información que os damos y las expresiones vistas en las actividades anteriores, reconstruid el diálogo que mantuvieron las chicas con el camarero. Después representadlo en clase.

3. Blanca, después de mancharse su chaqueta nueva en el restaurante *Comicalla*, se compró otra en TARA'S MODA. Pero la mala suerte parecía que la acompañaba: solo se la había puesto una vez y se le descosió completamente por la espalda. También se compró un pantalón y, a pesar de lavarlo en seco, encogió.

En parejas vais a elaborar y a representar el diálogo sostenido en esta situación. Podéis seguir estas indicaciones:

ALUMNO 1 – BLANCA

1 ▸ Saludo.

2 ▸ Explicas la razón de tu queja o reclamación. Estás muy enfadada.

3 ▸ Estás indignada y cada vez más nerviosa.

4 ▸ Explicas el buen uso que has dado a las prendas y exiges que te devuelvan el dinero.

5 ▸ No quieres otra prenda a cambio.

6 ▸ Le das el ticket e insistes en que te devuelvan el dinero.

7 ▸ Te despides y das las gracias con IRONÍA.

ALUMNO 2 – DEPENDIENTE TARA'S

1 ▸ Saludo.

2 ▸ Intentas tranquilizar a tu clienta.

3 ▸ Preguntas sobre el uso que se ha hecho de las prendas.

4 ▸ Prometes un cambio por otra prenda.

5 ▸ Pides el ticket de compra.

6 ▸ Argumentas que no puedes devolverle el dinero porque son artículos rebajados.

7 ▸ Te despides con tranquilidad.

UN POQUITO MÁS

4. Hemos aprendido a expresar con palabras el enfado, la molestia o la protesta, pero también lo podemos hacer mediante gestos.

A. Fíjate en los dibujos y aprenderás algunos de los gestos y movimientos corporales que acompañan al enfado en español:

1. FRUNCIMOS EL CEÑO.

2. NOS TOCAMOS LA CABEZA VARIAS VECES CON LA MANO ABIERTA.

3. NOS CRUZAMOS DE BRAZOS Y GOLPEAMOS CON LA MANO ABIERTA REPETIDAS VECES.

4. MIENTRAS HABLAMOS, MOVEMOS EL DEDO ÍNDICE EN SEÑAL DE AMENAZA.

5. GOLPEAMOS FUERTEMENTE LA MESA CON LAS MANOS ABIERTAS.

6. CON LAS DOS MANOS UN POCO POR DELANTE DE LA CABEZA, AGITÁNDOLAS.

B. Entre todos comentad qué gestos expresan enfado en vuestra cultura ¿Qué otros gestos de los españoles os han llamado la atención? ¿Sabéis cuál es su significado? ¿Hay algún gesto desconcertante, especial o inesperado que debamos conocer para no meter la pata en nuestras relaciones sociales con gente de tu cultura? Explicádselo a vuestros compañeros.

¿QUÉ PASA CUANDO HABLAS CON...?
Contesta:
▶ Cuando dialogas con alguien, ¿qué te dificulta la comprensión?
▶ Cuando no comprendes, ¿los gestos te ayudan?
▶ En el caso de no entender, ¿cómo te las arreglas?, ¿cuál es tu truco? Explícalo.

A. Reflexiona sobre estas preguntas y completa las siguientes fichas. Seguro que ayudarán a alguno de tus compañeros.

NO COMPRENDO CUANDO...

PARA COMPRENDER MEJOR...

B. Poned en común vuestras ideas.
C. Entre todos elaborad las **10 reglas de oro para ser capaz de comprender mejor a nuestro interlocutor.**

¿ME EXPLICAS LO DEL PISO?

PARA EMPEZAR

I. Imagina que colaboras con la O.N.G. *«Hospitalarios sin fronteras»* y que estás ayudando a encontrar piso a un chico marroquí que se llama Hamed y que todavía no habla muy bien español.

A. Un portal inmobiliario ha publicado ofertas de pisos en alquiler. Las estáis leyendo juntos y Hamed te pregunta algunas cosas que no comprende muy bien. Explícaselas con tus palabras. Si lo necesitas puedes usar el diccionario.

TODOPISOS

ÁTICO
90 m². Seminuevo. Parqué. Dos terrazas. 1 dormitorio. Aseo. Bonitas vistas. Precio: 1.000 € / mes. Ref. 240

CHALÉ
De 200 m². A estrenar. Dos plantas. Buhardilla. Amueblado. Sótano. Garaje dos plazas. Aire acondicionado y calefacción. Precio: 2.200 € / mes. Ref. 321

PISO COMPARTIDO
De 100 m². Céntrico. Bien comunicado. Dos habitaciones. Cuarto de baño y aseo. Salón-comedor. Balcón. Lavadero. Precio: 580 € / mes. Ref. 501.

ESTUDIO
40 m². Sin amueblar. Ascensor. Gas ciudad. Muy luminoso. Zona tranquila. Precio: 500 € / mes (incluye comunidad y luz). Ref. 669

APARTAMENTO
80 m². Buena distribución. En 2ª línea de playa. Amplio salón. 1 baño. Mucha luz. Porche. Precio: 550 € / mes. Ref. 666

PISO
100 m². Recinto cerrado. Piscina. Tenis. Video portero. 5 dormitorios. Cocina americana. 3 baños. Precio: 950 € / mes (gastos de comunidad aparte). Ref. 170

HAMED	TÚ
1. ¿*Ático* y *apartamento*? ¿Qué diferencia hay?	1. Mira, apartamento es _____ y un ático es _____
2. No comprendo el significado de «*estrenar*»	2. Quiere decir que_____
3. ¿Qué es exactamente una *buhardilla*?	3. Exactamente es _____
4. ¿Qué quiere decir sótano?	4. Sótano es _____
5. ¿*Lavadero* tiene algo que ver con *lavadora*?	5. Sí, porque la lavadora _____ y el lavadero _____
6. ¿Me puedes explicar qué es *porche*?	6. Verás, es una parte de la casa _____
7. ¿Qué es *Ref.*?	7. Ref. es la abreviatura de referencia y significa _____
8. ¿Qué quiere decir *cocina americana*?	8. Es _____

B. Hamed se ha decidido por el piso compartido. Como es natural, quiere verlo, así que llama a la agencia inmobiliaria que lo alquila. Durante la conversación tiene algunos problemas, tú serás el mediador para ayudarle en todo lo que puedas.

Agente: Buenos días, agencia inmobiliaria TODOPISOS, ¿dígame?

Hamed: Buenos días, quiero ver el piso compartido con la referencia 501 que anunciaron ustedes en su revista de la semana pasada.

Agente: Ah, muy bien. ¿Su nombre, por favor?

Hamed: Hamed Alai.

Agente: ¿Cuándo quisiera quedar para verlo?

Hamed: Un momento, perdone… «¿Quisiera quedar?» No comprendo…

Tú: Quedar con alguien quiere decir _____

_____

Hamed: Señor, mañana a las nueve, ¿es posible?

Agente: En principio no hay problema, yo llamo al otro inquilino para informarle de nuestra visita.

Hamed: Mmmm… ¿Inquilino? Un momento…

Tú: Para que tú lo comprendas, es _____

_____

Hamed: ¡Ah!, claro señor, me parece muy bien.

Agente: Quería comentarle que, si lo va a alquilar, mañana mismo tiene que dejar una señal de un 20%.

Hamed: ¿Señal?, espere, por favor.

Tú: Sí, eso es _____

_____

Hamed: No hay problema. Espero su llamada, adiós.

Agente: Gracias a usted por llamar y confiar en nosotros. Estamos en contacto.

AHORA, ¡A HABLAR CON…!

2. Hamed, el agente inmobiliario y tú ya estáis en el piso. El agente os lo va a enseñar.

PISTA 17

A. ◀ Este es el diálogo que mantenéis. Escucha la grabación.

B. Hamed te pide opinión. Para ayudarle tendrás también que explicarle lo que no ha entendido. Selecciona la opción que consideres correcta.

Hamed: ¿Tú que opinas?

Tú: A mí me ha gustado… Pero, tú decides.

Hamed: Ay, ¿qué dijo que la puerta es *blondida, blandida…*?

Tú: No, hombre, *blindada,* que quiere decir que la puerta…

    a. está protegida con materiales más resistentes.

    b. está hecha de una madera blanda.

    c. está dotada de una alarma de seguridad.

Hamed: Ah, ahora lo entiendo.

Tú: La cocina está fenomenal. Tiene de todo: microondas, lavavajillas, vitrocerámica, frigorífico, extractor…

Hamed: ¿Qué? Extra…

Tú: *Extractor* que es una máquina que usamos para…

    a. abrir las latas.

    b. para triturar los alimentos.

    c. para que saque o salga el humo cuando cocinamos.

Hamed: A mí el dormitorio me ha encantado. Es muy grande ¿no te parece?

Tú: Sí, además, con su *armario empotrado, su flexo…*

Hamed: ¡Uy! Un momento, un momento, por partes… ¿Que tiene qué?

Tú: A ver, un armario empotrado es un armario…

    a. que está colgado en la pared.

    b. que está pegado a la pared.

    c. que está construido en la pared.

Hamed: ¿Y lo otro que has dicho?

Tú: El *flexo,* que es…

    a. una lámpara de mesa flexible.

    b. una lámpara de pie.

    c. una lámpara para el techo.

Hamed: Entonces, me lo quedo. Está bien situado y el precio es asequible. Bueno, voy a llamar al agente.

UN POQUITO MÁS

3. Hamed ya ha conocido a su compañero de piso, Fermín. Están hablando sobre la vivienda en España.

    A. Reproduce tú lo que diría Fermín para aclarar algunas dudas de Hamed. Puedes ayudarte con las indicaciones que te sugerimos.

Fermín: Lo del alquiler es un rollo... Echar dinero en un saco roto.

Hamed: ¿Cómo?

Fermín: Sí, que es malgastar el dinero porque pagas el piso pero nunca es tuyo. Yo lo que quiero es comprarme uno, pero el banco no me da el préstamo hipotecario.

Hamed: ¿Qué quieres decir con malgastar? ¿Y préstamo?

Fermín: Mira, una persona malgasta cuando **mucho dinero – derrochar**. Y el préstamo **dinero – banco**

_____

_____

Hamed: ¿Y por qué no te lo dan?

Fermín: Porque necesito nómina y un aval.

Hamed: Me he perdido, ¿me lo explicas?

Fermín: Tranquilo, escucha... **nómina – justificante - salario – aval – persona – pagar – deuda – por ti**

_____

_____

Hamed: Ahora está claro.

Fermín: La mayoría de los españoles se pasan la vida pagando letras durante treinta, treinta y cinco años...

Hamed: ¿Qué son letras?

Fermín: Las letras son **pago – mensual – banco**

_____

_____

Hamed: Para mí, en este momento, no es posible comprar nada.

Fermín: Bueno, yo sé que será difícil pero lo voy a hacer.

B. Como ha dicho Fermín, la mayoría de los españoles prefiere comprar una vivienda a alquilarla. ¿Cuál es tu opinión sobre el tema?, ¿has vivido de alquiler mucho tiempo?, ¿qué tal la experiencia? En tu país, ¿la gente suele comprar su propia vivienda o vive generalmente de alquiler?, ¿es caro allí comprar una casa?, ¿a qué edad suele comprar la gente de tu país su vivienda?, ¿existen problemas para conseguir pisos de alquiler?, ¿cómo son los precios de los alquileres?

PARA EMPEZAR

I. La revista electrónica en moda, *ELLA*, ha publicado un artículo donde explica lo que se lleva y lo que no se lleva esta temporada.

A. Léelo y pregúntale a tu compañero el vocabulario que no comprendas y, a su vez, ayúdale tú también a él si tiene algún problema. Si lo necesitáis, usad el diccionario.

ÚLTIMAS TENDENCIAS

¿Te gusta estar a la última? Podemos ayudarte. No necesitarás gastar mucho dinero si tienes algunas prendas imprescindibles y las sabes combinar con estilo. *Ella* te presenta lo que está de moda y lo que tienes que desechar inmediatamente de tu armario.

SE LLEVA	NO SE LLEVA
1. Pantalones acampanados	1. Pantalones pitillo
2. Tejidos suaves	2. Petos vaqueros
3. Faldas largas de corte étnico	3. Falda pantalón
4. Medias de fantasía	4. Camisas de cuadros
5. Colores chillones	5. Pajaritas
6. Botas de punta	6. Gabardinas
7. Ponchos	7. Capas
8. Bufandas, pashminas…	8. Boinas
9. Jerséis ajustados	9. Impermeables
10. Pantalones de talle bajo	10. Gafas redondas
11. Vestidos estampados	11. Cadenas
12. Calcetines y leotardos de rayas	12. Tangas

Ella 32

FÓRMULAS PARA EXPLICAR EL SIGNIFICADO

SEGURIDAD TOTAL

Es…
Significa…
Lo usamos cuando…

SEGURIDAD MEDIA

Me parece que esto es…
Creo que significa…
Será algo como…

DUDA

Quizás sea…
Puede que sea…
Es posible que sea…

. Cassandra, que está estudiando español, lleva pocos días en España y, mientras encuentra piso, se queda en tu casa. Estáis tomando café y charlando sobre la moda. Tú tendrás que explicarle todo lo que no entienda. Puedes ayudarte con el diccionario.

Cassandra: Uy, tengo un problema.

Tú: ¿Qué te pasa?

Cassandra: Tengo varias citas para la próxima semana y no sé que ponerme. El sábado voy a comer con los padres de Luis al campo. Por la noche me gustaría salir de marcha y el lunes, a primera hora, tengo la entrevista de trabajo que te comenté.

Tú: Para el campo, muy fácil, no te tienes que arreglar mucho, con que te pongas un chándal y unas deportivas, vas bien.

Cassandra: *¿Chándal?*

Tú: Sí, es _____

_____

Cassandra: Ah, vale ¿y para salir de marcha?

Tú: Yo me pondría unos piratas negros y una camiseta de tirantes con lentejuelas para darle un toque elegante... Y no te pueden faltar unos botines de tacón.

Cassandra: No te entiendo nada, *¿los piratas? ¿Lentejuelas?*

Tú: Perdona, te lo explico. Los *piratas* _____

_____

Cassandra: Sí, creo que me puede quedar bien, y ¿para la entrevista?

Tú: Solucionado... Con un traje de pantalón y chaqueta irás muy bien. Te pones un broche ¡y lista!

Cassandra: *¿Broche?* ¿Qué ropa es esa?

Tú: No, no es ropa, es un complemento que _____

_____

Cassandra: Gracias, pero ahora tengo otro problema. Tendré que ir de compras ¿me acompañas?

Tú: Claro, mujer,... Si a mí eso me encanta. Comprar es lo mío.

AHORA, ¡A HABLAR CON...!

3. Cassandra y tú habéis ido a TARA'S MODA para hacer unas compras. La dependienta habla con ella y, de nuevo, debes echarle una mano. Ayúdate con el vocabulario que te ofrecemos.

Dependienta: Mira, pasa ahora por el probador y te lo ves puesto.

Cassandra: ¿El qué?

Tú: Sí, el probador **(habitación – espejo – probarse – ropa)** _____

_____

Cassandra: Vale, ¿está libre este?

Dependienta: Sí, sí, tranquila, entra.

(Cassandra se prueba los pantalones y te llama para que la veas)

Tú: ¡Qué monos te quedan!

Cassandra: ¿Te gustan?

Tú: Sí, te hacen un tipito…

Cassandra: ¿No están bien?

Tú: Que sí,… tipito es que **(figura – cuerpo – delgado)** _____

_____

Cassandra: No sé. Me veo rara.

Tú: ¡Qué va! Te digo que te quedan de muerte. Los piratas son lo último de lo último y están muy bien de precio.

Cassandra: ¿Qué me has dicho?

Tú: Que estás muy guapa y que los pantalones **(estar – moda – todas personas – llevar)**

_____

Cassandra: ¿Qué hago, me los llevo?

Tú: Claro, llévatelos, llévatelos que te quedan que ni pintados.

Dependienta: A ver, pruébeselos otra vez y se los veo…

(Pocos minutos después.)

Dependienta: Le quedan muy bien pero creo que tendría que cogerles un poquito el bajo.

Cassandra: Perdone, ¿qué quiere decir?

Tú: Sí, es necesario que **(acortar – pantalón – abajo)** _____

_____

Cassandra: Por supuesto.

Dependienta: También se los veo un poquito anchos de cintura habrá que estrechárselos por ahí.

Cassandra: ¿Qué le va a hacer?

Tú: Le va a **(reducir – menor anchura – cintura – pantalón)** _____

_____

Cassandra: ¿Para cuándo estará el arreglo?

Dependienta: Para mañana sin falta.

. **ORIGINAL Y COPIA**

A. Vamos a trabajar por parejas. Cada alumno tiene una de las dos fichas que te ofrecemos con las características de un personaje. Procura no mirar la ficha de tu compañero.

B. Dibuja tu personaje según esas características. Puedes consultar el diccionario.

C. Cuando lo hayas terminado, tu compañero deberá dibujarlo siguiendo tus indicaciones. Si no comprende algo, tendrás que explicárselo tú.

D. Comparad original y copia.

Ejemplo:

■ *Mi personaje lleva una gorra*

□ *¿Qué es una* **gorra***?*

■ *Es una especie de sombrero que nos ponemos en la cabeza para protegernos del sol.*

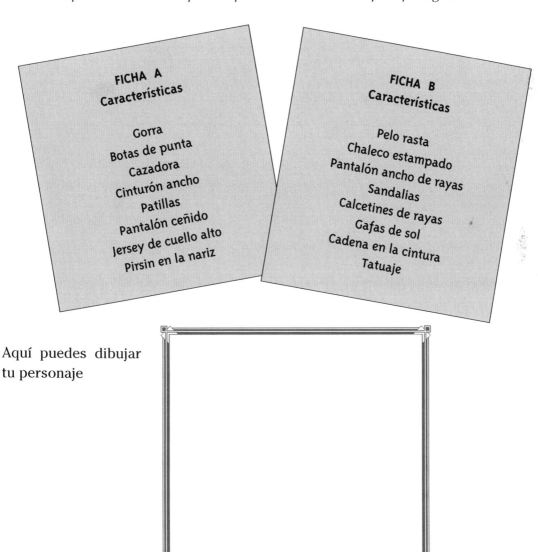

FICHA A
Características

Gorra
Botas de punta
Cazadora
Cinturón ancho
Patillas
Pantalón ceñido
Jersey de cuello alto
Pirsin en la nariz

FICHA B
Características

Pelo rasta
Chaleco estampado
Pantalón ancho de rayas
Sandalias
Calcetines de rayas
Gafas de sol
Cadena en la cintura
Tatuaje

Aquí puedes dibujar tu personaje

PARA EMPEZAR

PISTA 18

I. ◀ El español se ha convertido en los últimos años en una lengua de enorme importancia en el mundo.

A. Escucha los comentarios y opiniones de los asistentes a un congreso sobre *La situación actual y proyección de la lengua española* e intenta resumirlos con tus palabras:

1. _____
2. _____
3. _____
4. _____
5. _____
6. _____

B. Vuelve a oír la grabación y anota los datos que te pedimos. Luego, compara tu información con la de tus compañeros.

1. Número de personas que hablan español en el mundo: _____
2. Tanto por ciento de ciudadanos de origen hispano en Europa: _____
3. Incremento del número de estudiantes de español en Brasil: _____

AHORA, ¡A LEER!

CON OTRAS PALABRAS

Conocer una lengua va más allá de la gramática, del vocabulario, de unos sonidos, de un alfabeto… Indudablemente es algo mucho más complejo. Para evitar los malentendidos que surgen a menudo, hay que compartir, además, una tradición cultural. Dentro de esa tradición, estarían insertos los eufemismos. Por *eufemismo* entendemos una palabra o expresión que sustituye a otra u otras que nos parecen malsonantes, desagradables o hirientes.

La creación y el uso de los eufemismos dependen de las circunstancias sociales e históricas. Son imprevisibles y su variación, continua. Todo esto quiere decir que si, por ejemplo, estuviéramos en una farmacia, pediríamos *profilácticos* y no condones, que nos suena políticamente incorrecto. O que los humanos *hacemos el amor* y no copulamos. Ante las necesidades fisiológicas, vamos al *baño* o *servicio* y no al *váter*. En un terreno más serio, decimos que morir es *viajar* porque morir es *irse al otro barrio*, *irse a la gloria*...

Los eufemismos tienen también funciones sociales. Cuando al camarero le llamamos *barman* queremos dignificarlo. Si a un ciego lo llamamos *invidente* hacemos lo mismo. Si decimos que alguien es de *etnia gitana*, en lugar de gitano, queremos evitar que se ofenda. Y en el caso de que no podamos usar un eufemismo, lo mejor es el silencio.

AHORA, ¡A VER SI HAS COMPRENDIDO!

. Lee las siguientes afirmaciones y señala si son verdaderas o falsas. Si son falsas, da la respuesta correcta.

	V	F	Respuesta correcta
1. El valor de los eufemismos permanece invariable a lo largo del tiempo.			
2. Los problemas de comprensión a veces se dan por desconocimiento de la cultura del país donde se aprende la lengua.			
3. El eufemismo no nos ayuda a ser más sutiles.			
4. Los eufemismos implican, al fin y al cabo, decir lo mismo con otras palabras.			

3. Ya conoces algunos de los eufemismos que usamos en español. ¿Quieres conocer algunos más?

A. Trata de unir las palabras de la izquierda con la expresión eufemística de la derecha.

1. Arruga	a. Tener el mes
2. Prostituta	b. Acostarse con alguien
3. Azafata	c. Braguitas
4. Viejo	d. Auxiliar de vuelo
5. Gordo	e. Persona de la tercera edad
6. Mantener relaciones sexuales	f. Piel madura
7. Tener la menstruación / la regla	g. Mujer de la vida
8. Bragas	h. De constitución fuerte

B. Por parejas intentad crear nuevos eufemismos para las palabras anteriores y para otras que en gran grupo decidáis. Ponedlos en común en plenaria.

EL «SPANGLISH», ¿UN NUEVO ESPAÑOL?

El «spanglish» va ganando terreno. Son cerca de cuarenta millones de personas las que lo usan actualmente. En su mayoría son de origen hispano y residen en Estados Unidos. Es un fenómeno lingüístico que provoca opiniones diversas. Según lo define Manuel Seco en el *Diccionario de la Lengua Española,* es «un idioma español hablado con abundancia de anglicismos». Para otros es «un destrozo de ambos idiomas». Los medios de comunicación (periódicos, radio, televisión…) han tenido un papel fundamental en el uso y difusión de este fenómeno. Así, por ejemplo, podemos escuchar a locutores de radio diciendo: «¡No se vaya, *please*!». El «spanglish» ha llegado también a la literatura. El escritor mexicano Ilán Stavans es autor de la primera versión de *El Quijote* al «spanglish». Stavans define esta lengua «híbrida» como un «mestizaje verbal, donde Shakespeare y Cervantes, en una maniobra digna de los directores de *The Matrix*, sincronizan sus identidades».

AHORA, ¡A VER SI HAS COMPRENDIDO!

4. Contesta a las siguientes preguntas y comenta tus respuestas en plenaria.

> 1. ¿A qué dos posturas enfrentadas da lugar el «spanglish»?
> 2. ¿Quiénes han contribuido a la expansión de esta lengua «híbrida»?
> 3. Hasta la literatura también ha llegado el «spanglish». ¿Qué opinas de esto? ¿Te gustaría que se escribiera literatura mezclando varias lenguas: «italoñol», «franglish»…? ¿Qué consecuencias tendría?

5. ¿Os gustaría crear vuestro propio idioma? ¿Lo intentáis?

A. Agrupaos por nacionalidades o según la lengua materna común y escribid una serie de palabras elaboradas con la mezcla del español y vuestro idioma, no olvidéis explicar su significado.

B. En gran grupo, presentad la lista que hayáis escrito y comentadla con vuestros compañeros. ¡Seguro que os divertís!

UN POQUITO MÁS

6. El español, como ya sabéis, es una lengua muy rica en vocabulario. A veces dos palabras se unen para formar otra nueva…

A. Por parejas, con estos elementos, formad el mayor número de **palabras compuestas** posible. Comparad el resultado con el de vuestros compañeros. Podéis ayudaros con el diccionario.

sobre	guarda	agua	tela	mal	hazme	vidas	vivir	araña	ropa	reír	salva	radio
saca	humor	buena	mesa	bien	sobre	fuerte	latas	ardiente	corchos	puntas	abre	
		venida	grafía	fonía	ventura							

B. También formamos palabras con **prefijos**. Fíjate en los ejemplos:

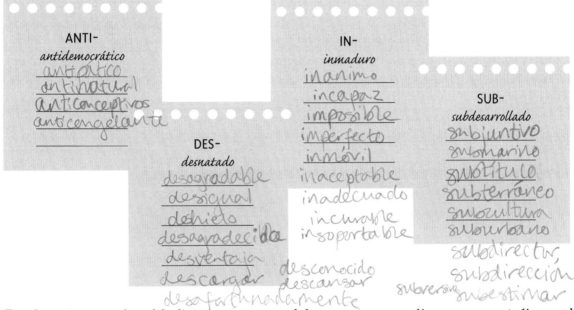

ANTI-
antidemocrático
antipático
antinatural
anticonceptivos
anticongelante

IN-
inmaduro
inánimo
incapaz
imposible
imperfecto
inmóvil
inaceptable
inadecuado
incurable
insoportable

DES-
desnatado
desagradable
desigual
deshielo
desagradecida
desventaja
descargar
desconocido
descansar
desafortunadamente

SUB-
subdesarrollado
subjuntivo
submarino
subtítulo
subterráneo
subcultura
suburbano
subdirector,
subdirección
subversivo subestimar

En plenaria, completad la lista con otras palabras que conozcáis, que encontréis en el diccionario o que inventéis.

C. Ahora trabajamos con los **sufijos**. Piensa en el valor que poseen en estos ejemplos. Coméntalo con tus compañeros.

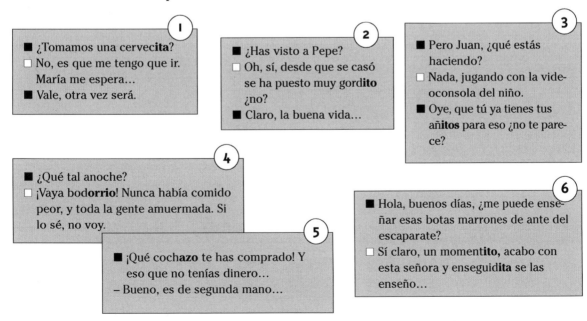

1
■ ¿Tomamos una cerve**cita**?
□ No, es que me tengo que ir. María me espera...
■ Vale, otra vez será.

2
■ ¿Has visto a Pepe?
□ Oh, sí, desde que se casó se ha puesto muy gord**ito** ¿no?
■ Claro, la buena vida...

3
■ Pero Juan, ¿qué estás haciendo?
□ Nada, jugando con la videoconsola del niño.
■ Oye, que tú ya tienes tus añ**itos** para eso ¿no te parece?

4
■ ¿Qué tal anoche?
□ ¡Vaya bod**orrio**! Nunca había comido peor, y toda la gente amuermada. Si lo sé, no voy.

5
■ ¡Qué coch**azo** te has comprado! Y eso que no tenías dinero...
– Bueno, es de segunda mano...

6
■ Hola, buenos días, ¿me puede enseñar esas botas marrones de ante del escaparate?
□ Sí claro, un momen**tito**, acabo con esta señora y enseguid**ita** se las enseño...

PARA EMPEZAR

1. El tapeo forma parte de los hábitos alimenticios de los españoles… Seguro que sabéis mucho sobre las tapas. Para comprobarlo contestad a las siguientes preguntas. Si necesitáis ayuda, consultad esta página web: www.atapear.com

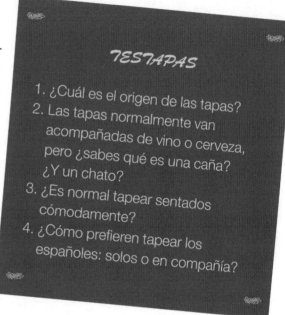

TESTAPAS

1. ¿Cuál es el origen de las tapas?
2. Las tapas normalmente van acompañadas de vino o cerveza, pero ¿sabes qué es una caña? ¿Y un chato?
3. ¿Es normal tapear sentados cómodamente?
4. ¿Cómo prefieren tapear los españoles: solos o en compañía?

2. Antony y su novia Ana han ido a tapear al bar *De picoteo*.

PISTA 19

A. ◀ Escucha el diálogo y completa la carta con las tapas que se pueden tomar.

DE PICOTEO

patatas con alioli   *ensaladilla* rusa

cazón en adobo   *boquerones* en vinagre

patatas bravas   *pulpo* a la gallega

gambas al pil-pil   CAÑA Y TAPA 1,50

B.

1. Ponte en el lugar de Antony, ¿qué cosas te sorprenderían de esta situación?
2. ¿Conoces todas las tapas que aparecen en la carta? ¿Has probado alguna de ellas? Si no es así, ¿cuál te gustaría probar? Coméntalo con tus compañeros.
3. En gran grupo, añadid a la carta algunas tapas más que hayáis probado y queráis recomendar. Pídele a tu profesor que colabore con vosotros para elaborar una gran carta de tapas.

n *Afrodita* la escritora chilena Isabel Allende recuerda algunas vivencias, sensaciones y aromas relacionados con la comida. Lee los siguientes fragmentos:

1. Un dulce recuerdo

«Paseando por los jardines de la memoria, descubro que mis recuerdos están asociados a los sentidos. Mi tía Teresa está ligada para siempre al olor de las pastillas de violeta. Cuando esa dama encantadora aparecía de visita con su vestido gris y su cabeza de reina coronada de nieve, los niños corríamos a su encuentro y ella abría con gestos rituales su vieja cartera, siempre la misma, extraía una pequeña caja de lata pintada y nos daba un caramelo color malva. Y desde entonces, cada vez que el aroma inconfundible de violetas se insinúa en el aire, la imagen de esta tía santa, que robaba flores de los jardines ajenos para llevar a los moribundos del hospicio, vuelve intacta a mi alma.»

2. La buena mesa

«En la mesa diaria se escanciaba el mejor vino y mientras el padre con la servilleta amarrada al cuello cortaba solemne el gran pan campesino, la madre dirigía con la mirada el desfile de las robustas muchachas de servicio, trayendo de la cocina humeantes soperas de porcelana, bandejas de guisados esenciales, tablas de quesos de la provincia y fuentes con pirámides de frutas y dulces. Eran festines cuantiosos que reunían a la familia en la lenta ceremonia de cada comida. En esas mesas, siempre cubiertas por manteles de damasco almidonados, brillaban las copas de cristal y candelabros de plata, mudos testigos de varios siglos de excelente cocina. Tal vez en esos comedores sólo se hablaba de asuntos placenteros, como la textura incomparable del paté de hígado con trufas, el sabor del venado asado, la sensualidad del *soufflé* de cerezas y el perfume de aquel nuevo café, enviado del Brasil por un amigo explorador. De tal ambiente, supongo, salen los célebres cocineros y *gourmets*, los catadores de vinos, los autores de libros de cocina y, en fin, los aristócratas de la comida.»

3. Manías culinarias

«En lo concerniente a los alimentos, mi abuelo tenía manías particulares. Sostenía posiciones inexpugnables: no probaba nada nuevo; no mezclaba ingredientes, había que servirle los huevos de la tortilla española en un plato y las patatas en otro; echaba sal y picante a cucharadas en los guisos antes de probarlos, porque suponía que era bueno para los intestinos; los postres le parecían afeminados y en vez de vino tomaba grandes vasos de ginebra con la comida.»

Texto adaptado de *Afrodita* de Isabel Allende

3. En el fragmento *Un dulce recuerdo,* Isabel Allende hace una pequeña descripción de su tía
Teresa. Imagina que un compañero tuyo no la ha entendido bien. Explícasela de una forma
más clara:

La tía Teresa era una mujer...

4. Encuentra en el texto *La buena mesa* las palabras que podrías incluir en las siguientes categorías:

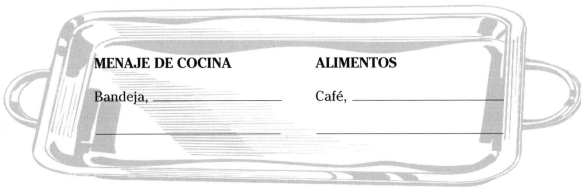

MENAJE DE COCINA

Bandeja, _____

ALIMENTOS

Café, _____

5. Después de leer *Manías culinarias,* completa el siguiente cuadro con las manías del abuelo:

ALIMENTOS: _____

_____

FORMA DE COMER: _____

_____

FORMA DE ADEREZAR LOS ALIMENTOS: _____

_____

SOBRE LAS BEBIDAS: _____

_____

SOBRE LOS POSTRES: _____

_____

Y tú, ¿eres maniático con la comida? Si es así, ¿qué manías tienes?

El huevo frito, uno de los platos más populares de nuestra gastronomía, está presente no solo en la cocina sino también en la literatura española... Fíjate en los siguientes textos:

LOS HUEVOS EN LA LITERATURA ESPAÑOLA

La Regenta de Leopoldo Alas Clarín: «Se comía, allá arriba, lo que salía al paso: chorizos tostados, chorreando sangre, unas migas, huevos fritos, cualquier cosa; el pan ¡mejor! el vino malo...».

A traque barraque de Alonso Zamora Vicente: «... las chicas, pues que tan escurridas. En mi tiempo... Llenitas, que estaba una mejor alimentada, a ver, calcule usted, comíamos como Dios manda. Torreznos, huevos fritos...».

La fuerza de la desdicha de Lope de Vega: «... ni los peces de plata en los garitos, / como tú me pareces, dulce Estela, / con esos ojos como huevos fritos...».

Fortunata y Jacinta de Benito Pérez Galdós: «... había de salir de dudas. Cuando Maximiliano entró a almorzar, Juan Pablo sentado a la mesa, y a poco llegó doña Lupe con una bandeja de huevos fritos...».

Ahora dividid la clase según las nacionalidades de los estudiantes y pensad en el alimento o producto más característico de cada país. Después podéis elaborar un trabajo de investigación que nos cuente detalles sobre ese alimento. Os ayudamos con este guión:

Origen
Elaboración
Propiedades
Presencia en las artes: literatura, pintura...

FAMILIA, ¿NO HAY MÁS QUE UNA?

PARA EMPEZAR

I. Tus compañeros ya te conocen, pero ¿saben algo de tu familia? Responde a estas preguntas en gran grupo:

a) *¿Cómo es tu familia? ¿Cuántos miembros tiene?*
b) *¿Cómo es tu relación con ellos?*
c) *¿Qué tipo de familia has formado o te gustaría formar en el futuro?*

AHORA, ¡A LEER!

2. Carmen es una española de 50 años. Aquí tienes algunos fragmentos de su diario. Léelos:

QUERIDO DIARIO:

1.

. . . ¡Qué harta estoy! Se acaba de ir, pero antes de irse le ha puesto pegas a todo: que si ella hace la paella mejor que yo, que si para que la ropa esté más blanca hay que echarle no sé qué, que si su hijo antes tenía mejor cara, que si los niños son unos maleducados. . . Y yo, ¿qué le he dicho? Pues nada, por respeto, claro, y porque es la madre de mi marido, que si no. . .

2.

. . . Estaba yo tan feliz en mi sillón nuevo cuando, de repente, ha sonado el timbre y, al abrir la puerta, me he encontrado al hermano de mi marido, y lo peor es que venía a ver el fútbol. . . ¡Se acabó la tranquilidad! Me he pasado toda la tarde preparándoles las tapitas, las cervecitas. . . y encima, si protesto, mi marido va y me dice: «¡Mujer, no te metas con él, que es mi hermano y es muy buena persona. . . !».

3.

. . . Y digo yo, ¿cuándo se irán de casa? No hacen más que darme trabajo y pedirme dinero ¡Que ya son mayorcitos! El uno, no solo no se va, sino que me trae a la «amiguita» a comer todos los días. . . Bueno, y la pequeña vive entre el cuarto de baño y el teléfono. Menos mal que de vez en cuando salen de casa a dar una vuelta, con mi coche, ¡claro! «Como tú no lo usas. . .», pero en el fondo, yo les quiero mucho, ¡soy su madre!

Contesta:

A. ¿A qué miembro de su familia se refiere Carmen en cada uno de los fragmentos?

1. _suegra_

2. _cuñado_

3. _hijos_

B. Resume en pocas palabras las reflexiones, comentarios o pensamientos de la protagonista en cada texto.

1. _A Carmen le molesta que su suegra le dé consejo._

2. _... su cuñado le pida favores y que su marido no se dé cuenta._

3. _... su hijos todavía vivan en la casa._

C. ¿Tienes problemas similares a los de Carmen con alguien de tu familia? Coméntaselo a tus compañeros.

D. En parejas imaginad el diálogo que mantendría la protagonista con alguno de los familiares de los que habla. Escribidlo y después representadlo para toda la clase.

SEGUIMOS LEYENDO

FAMILIAS

En España el modelo de familia tradicional empezó a sufrir cambios desde que, en junio de 1981, el Parlamento aprobaba el divorcio. A partir de ese momento el concepto de la familia ha evolucionado al de las familias. Los cambios legales y sociales han contribuido a impulsar esa variedad del esquema familiar. En cuanto al número de bodas tradicionales, por ejemplo, ha decaído considerablemente y, las que celebran, son en su mayoría civiles. Así, frente a estos matrimonios, las parejas de hecho van aumentando y estas se convierten en matrimonios cuando deciden tener descendencia. Además por los juzgados pasan también un gran número de matrimonios homosexuales. Fruto de los divorcios nacen, por un lado, las familias monoparentales, en las que es solo uno de los progenitores el que se hace cargo de los hijos y, por otro, las familias compuestas, en las que uno o los dos miembros de la pareja aportan hijos de relaciones anteriores. Por último, y en extremos opuestos, encontramos a los singles, que viven solos y pueden ser solteros, viudos, separados o divorciados y, las familias extensas en las que conviven miembros de varias generaciones. Familias para todos los gustos.

3. Resume con tus palabras el texto, recogiendo las ideas principales en torno a estos puntos

> **Causas de los cambios del modelo familiar:**

> **Diferentes estructuras familiares:**

4. A este blog han escrito algunas personas. Lee lo que dicen y escribe a qué tipo de modelo familiar pertenece cada una de ellas.

---

1. María: Mi día a día es complicado. Superarlo todo sin ayuda de nadie no es tarea fácil, pero ya me he acostumbrado y lo tengo todo más o menos controlado. He encontrado un piso y lo tengo alquilado por un buen precio. Mi pequeña hace que me levante cada día con ilusión y me olvide del pasado al que ya he puesto punto final. TIPO DE FAMILIA: *Monoparental*

---

2. Pepe: Yo estoy encantado de vivir así. No me quejo, tengo un buen trabajo y gran parte de lo que gano lo invierto en mi tiempo de ocio. Cuando salgo aprovecho para conocer gente nueva: en el gimnasio, en los viajecitos, en la discoteca, en los conciertos… No está mal esto de que nadie controle lo que haces, aunque, a veces, no me importaría disfrutar de la compañía de una pareja. Las comidas son un poco tristes, por eso o como fuera o me caliento algo precocinado. TIPO DE FAMILIA: *single*

---

3. Laura y Manuel: Así nos va bien, no pensamos, de momento, pasar por el altar. En el futuro quién sabe qué puede pasar. A lo mejor cuando llegue la hora de aumentar la familia nos lo planteamos. Ahora mismo trabajamos mucho y no tenemos tiempo para nada, prácticamente solo nos vemos con tranquilidad y podemos charlar los fines de semana. Eso sí, menos mal que las tareas de casa las compartimos. No sabemos si lo nuestro será para siempre, queremos vivir el día a día. TIPO DE FAMILIA: *Pareja de hecho*

---

4. Cristina: Mi casa es una casa de locos, pero todos colaboramos en las tareas. Somos un montón, cinco hermanos. Además ahora que mis abuelos ya están muy mayores, se han venido a vivir con nosotros y la familia ha aumentado. Me encanta vivir así, aunque si hubiera un poco más de silencio lo agradecería…TIPO DE FAMILIA: *extensa*

---

5. Alejandro: Al principio era difícil convivir con un señor y un chico a los que apenas conocía. Mi madre me pidió paciencia y con el tiempo y la convivencia he aprendido a quererlos a los dos. Todo es cuestión de respeto y buena voluntad por parte de todos. TIPO DE FAMILIA: *compuesta*

---

5. Con todo lo que sabes sobre las nuevas familias, establece una comparación con el modelo de familia tradicional. Atiende a estos aspectos:

a. Papel de la mujer y del hombre
b. Gustos culinarios
c. Aficiones y Tiempo libre
d. Hogar
e. Concepción de la pareja

. El aspecto de un hogar es reflejo del tipo de famila que habita en él. ¿Y tu casa? ¿Es un refle-
 de tu carácter? Vamos a comprobarlo.

Cada uno de vosotros elaboraréis lo más detalladamente posible una descripción de
vuestra habitación o de vuestra casa (si la habéis decorado vosotros mismos). El profesor recogerá las de todos y las repartirá aleatoriamente. Con la descripción que cada uno
reciba, debe pensar cómo es el carácter del dueño de la habitación. Después tendrá que
explicarlo y argumentarlo en plenaria. A continuación, entre todos trataréis de averiguar
de quién es la habitación.

. A través de estos diálogos, vais a descubrir el significado de las siguientes expresiones relacionadas con el mundo de la familia:

1.
■ ¡Oye! ¿Y tu tío?
□ De mi tío no quiero hablar, ha
hecho siempre lo que le ha dado la
gana. No ha escuchado los consejos
de nadie. Ya sabes que estuvo en la
cárcel...
■ ¿Cómo?
□ Sí, siempre hay una oveja negra en
todas las familias...

2.
■ Manolito ya ha terminado la
carrera.
■ ¿Ya? ¡Cómo pasa el tiempo!
■ Sí, es que nunca ha suspendido
nada y todo lo ha sacado a la
primera.
□ ¡Como su padre! ¡De tal palo tal
astilla! Los dos son muy
inteligentes...

3.
n No me extraña que el abuelo le haya
dejado todo el dinero de la herencia
a Felipe...
□ Normal, era su ojito derecho.

4.
■ No soporto a Lucía, está
acostumbrada a que sus padres se
lo den todo, es una mimada.
□ Desde luego. Tienes toda la razón.
Todo lo que tiene se lo debe a su
familia.

EXPRESIONES	Significa que...
Ser la oveja negra de la familia	
Ser el ojito derecho de...	
De tal palo, tal astilla	
Niño/a mimado/a	

¡A LEER!

Desde comienzos de la década de los noventa, miles de inmigrantes han llegado a España buscando una calidad de vida digna que les permita realizarse como personas. Lee las experiencias de alguno de ellos:

Madrid, punto de partida

«Aquí se puede empezar una nueva vida. Quiero quedarme y tener un niño o dos». Elena, 31 años, Rumanía.

Las vidas de Elena y Javier se unieron a miles de kilómetros de distancia de sus lugares de nacimiento. Originarios de Rumania, ella, y de Rusia, él, fueron a encontrarse en una localidad del este de Madrid, donde les llevó su aspiración de vivir una vida mejor. Cuando Elena llegó a España, no sabía ni una palabra de español, no tenía un lugar donde alojarse y tuvo que pedir prestados los 500 euros que le reclamaban para entrar con un visado de turista. Poco después consiguió trabajo como empleada del hogar interna.

Javier, que llegó a España hace algunos años tras haber emigrado de Canadá, ha corrido peor suerte ya que, al no tener papeles, no le contratan en ningún sitio. Solo ha conseguido empleo estable en una cuadrilla de albañiles que dirige otro inmigrante rumano. Ahora la pareja, que com-

parte piso con otras familias de Rumanía, tiene depositadas todas sus esperanzas en el proceso de regularización. Esperan que esta vía se convierta, al fin, en su camino hacia la estabilidad en España, un país en el que quieren envejecer.

Máster en humildad

«Tenemos una cultura bastante parecida y pensé que acá me iba a sentir cómoda», Mariana, 31 años, Argentina.

La historia de Mariana podría ser la de la típica psicóloga bonaerense que decide cruzar el charco para ampliar su formación profesional y que, en plena crisis económica argentina, se atreve a emplear los ahorros que logró salvar del «corralito» en venir a España a estudiar y a conocer sus orígenes.

Nada más llegar, comenzó un curso de verano en la Universidad Complutense de Madrid. Dos cosas la hicieron quedarse: la generosidad de una compatriota que la invitó a vivir con ella y la calidad humana que encontró en los profesores del curso. «Mi familia y mis amigos de acá me decían: no te preocupes, que lugar para dormir y comer nunca te va a faltar. Así, algo que empezó siendo un curso de tres meses se convirtió en un máster de dos años».

A punto de terminar el máster, prepara los exámenes para homologar su título y colabora en una fundación, a la espera de encontrar un trabajo. Aunque se considera una inmigrante afortunada, reconoce que no todo ha sido de color de rosa: «He tenido que superar contratiempos y trabajar duro para conseguir lo que quería. A veces echo muchas cosas de menos, pero no lo veo como algo negativo: si no tengo dulce de leche, a cambio puedo comer jamón ibérico».

De China a Madrid
para salvar la tienda de ultramarinos
«Vine con mi padre a visitar a la familia y decidimos quedarnos aquí». Pai Llang, 33 años, China.
He vivido 17 años en España, sin embargo, con su marido y con sus tres hijos –todos ellos españoles– habla en mandarín. Continúa respetando las tradiciones de su país, pero celebra también las fiestas españolas. Consiguió con facilidad el permiso de trabajo dado que trabajaba en negocios familiares: primero en el restaurante de sus tíos, luego en el de su padre. Más tarde se casó con un hombre chino y consiguieron abrir el suyo propio. Ahora trabaja en un «chino», pequeños locales semejantes a los antiguos ultramarinos donde puede encontrarse de todo desde las diez de la mañana hasta las tres de la madrugada. «Nos vamos turnando y los turnos no son tan largos», explica Pai.

El respeto por sus tradiciones y la posibilidad de trabajar son dos de las ventajas que encuentra su comunidad al asentarse en España. El mayor inconveniente con el que tropieza es el idioma. Pai cree que pasará el resto de su vida aquí. «A menos que mis hijos den una sorpresa al crecer, nunca se sabe...».

AHORA, ¡A VER SI HAS COMPRENDIDO!

. Contesta a estas preguntas:

a) ¿Cuáles fueron los principales problemas con los que se encontraron Elena y Javier al llegar a España?

b) ¿Por qué Mariana piensa que ha tenido suerte al venir a España desde Argentina?

c) ¿Cuáles son los planes de futuro de Elena y Javier?

d) ¿Qué añora Mariana de su Argentina natal?

e) ¿Qué ventajas e inconvenientes nos explica Pai Llang de su vida en España?

2. De entre estas afirmaciones encuentra la/s que sea/n falsa/s de acuerdo con lo que has leído. No olvides justificar tu respuesta.

	V	F
a. Elena y Javier ven con buenos ojos las posibilidades de normalizar su situación en España.	☑	☐
b. Mariana tenía algún dinero guardado y decidió invertirlo en su viaje a España.	☑	☐
c. Mariana se quedó en España gracias a la generosidad y ayuda de sus compañeros de clase y profesores.	☐	☑
d. Javier encontró empleo estable gracias a un albañil rumano.	☑	☐
e. Pai Llang trabaja en un «chino», pequeño local semejante a los antiguos ultramarinos donde se pueden encontrar todos los productos relacionados con el mar.	☐	☐

3. Mariana reconoce que «… en su vida en España no ha sido todo de color de rosa…». ¿Sabes qué significa esa expresión?

A. Aquí tienes también otras expresiones con colores. Para averiguar qué significan, conecta las dos columnas:

g	1. Poner verde a alguien	a.	No poder dormir.
e	2. Quedarse en blanco	b.	Se dice de una persona que deja ver todo lo que piensa, lo que siente…
c	3. Ponerse morado	c.	Comer y beber en cantidad.
a	4. Pasar la noche en blanco	d.	Ser obsceno.
h	5. Ser el blanco de las miradas	e.	No recordar algo en un momento determinado por nervios, presión, estrés…
b	6. Ser transparente	f.	Ser el hombre ideal para alguien.
j	7. Ponerse verde de envidia	g.	Criticar o hablar de forma negativa de una persona.
i	8. Ser rojo	h.	Ser una persona el centro de atención por algún motivo…
d	9. Ser verde	i.	Ser comunista.
f	10. Ser el príncipe azul	j.	Enfadarse o mostrar malestar por desear lo del otro.

B. ¿Puedes emplear estas expresiones en pequeños diálogos inventados? Fíjate en el ejemplo:

Ej.:

■ *Me pasé la noche en blanco*, *no pegué ojo…*

□ *¿Es que tomaste café?*

■ *Sí, me tomaría unos tres cafés, por eso…*

UN POQUITO MÁS

4. El fenómeno de la inmigración ha fomentado la aparición de las O. N. G. que se dedican a la ayuda y orientación del inmigrante cuando viene a España. Esta es la página web de una de esas organizaciones:

Si quieres más información visita la web: www.acoge.org

العربية English Français Deutsch

> Andalucía Acoge intenta llevar a la práctica de manera organizada y consciente un ideal de solidaridad y justicia universales. Detrás de este valor de la solidaridad hay una concepción del hombre y de la sociedad que pone en primer lugar la dignidad de la persona. Esto supone tener en cuenta el medio y la cultura de procedencia, pero sin olvidar la individualidad y singularidad de la persona.

A. En pequeños grupos vais a crear una nueva O. N. G. de atención al inmigrante. Podéis ayudaros con la web de Andalucía acoge.

1. Inventad un nombre para la organización.
2. Discutid sobre cuáles van a ser sus objetivos.
3. Realizad una lista con los proyectos que os gustaría llevar a cabo.
4. Finalmente, cada grupo expondrá su proyecto en plenaria.

B. Encuesta sobre la inmigración

1. En pequeños grupos elaboraréis un cuestionario de 15 preguntas sobre la realidad de la inmigración en el lugar donde estudiáis español. No olvidéis incluir preguntas sobre los siguientes aspectos:

- **Nacionalidad de los inmigrantes**
- **Causas de la inmigración**
- **Situación laboral**
- **Adaptación a la nueva cultura**
- **Relaciones con los nativos**

2. Una vez elaborado el cuestionario, debéis hacer la encuesta a 10 españoles. Procurad que sean adultos de distintas edades y de ambos sexos.

3. El último paso es el análisis de los resultados. Presentad las opiniones que os llamen más la atención, las más recurrentes, las más positivas, las más negativas, etc. Finalmente, exponed las conclusiones en un panel.

PARA EMPEZAR

I. Vivimos en un planeta lleno de misterios que el hombre todavía no ha podido explicar: coincidencias extrañas, sucesos terroríficos, apariciones fantasmales… ¿Existe en tu país algún suceso o leyenda de este tipo conocido por todos *(hombres lobo, vampiros, brujas…)*? Coméntalo a tus compañeros.

A. Entre todos, haced una lista de vuestros personajes de terror favoritos. Después podéis elaborar un mural en el que recojáis imágenes de cada uno de ellos acompañándolas de una pequeña descripción, los orígenes del personaje, su historia, sus andanzas…
Podéis documentaros la *Wikipedia*.

AHORA, ¡A LEER!

1. El caso de Franz Richter.
El joven sueco Franz Richter, de 19 años, se enroló en el Cuerpo de Transporte austríaco durante la Primera Guerra Mundial. Un día fue internado en el hospital aquejado de neumonía. En ese mismo hospital había internado otro paciente del Cuerpo de Transporte llamado también Franz Richter de 19 años y aquejado igualmente de neunomía.

2. El coche de James Dean.
El actor norteamericano James Dean murió en un trágico accidente automovilístico en septiembre de 1955. Cuando los restos del coche fueron llevados a un garaje, el motor se desprendió, cayó sobre un mecánico y le rompió ambas piernas. Años más tarde, el motor fue comprado por un médico, que lo colocó en un coche de carreras; poco tiempo después murió. Posteriormente, el automóvil del actor fue reconstruido, y el garaje se incendió. Años después el coche fue exhibido en Sacramento; por circunstancias desconocidas, cayó del pedestal en el que estaba y le rompió la cadera a un adolescente. Finalmente, en 1959 se partió en once pedazos mientras estaba apoyado en una sólida base de acero.

3. El colectivero (Argentina).
Hace algunos años, en Rosario (Argentina), enfrente del cementerio «El Salvador», un colectivero (chófer de autobús) de la línea 114 ve impotente cómo, en plena noche, una chica se le cruza velozmente frente al autobús y este la arrolla. El colectivero, asustado por lo sucedido, decide retroceder, esquivar el cadáver de la chica y escapar. Después de unos minutos de ir a toda velocidad, ve por el espejo retrovisor que la chica a la que había arrollado estaba sentada en el último asiento mirándolo fijamente y llorando.

Una vez que has leído los textos, ¿podrías decir a qué tipo concreto de fenómeno inexplicable pertenecen? Justifica tus respuestas. Para ayudarte te ofrecemos palabras del campo léxico de lo paranormal (desconocido o inexplicable). Puedes usar el diccionario o pedir ayuda a tus compañeros.

Abducción, oui-ja, hechizo, espiritismo, psicofonía, avistamiento, teleplastia, exorcismo, aparición fantasmal, coincidencia asombrosa, enigma, maldición, mal de ojo...

TEXTOS	FENÓMENO	EN EL TEXTO SE DICE ...
1.		
2.		
3.		

Vamos a imaginar las siguientes situaciones:

1. ¿Cómo crees que sería el diálogo de los dos «Franz» al encontrarse cara a cara en el hospital y conocer la coincidencia? En parejas reconstruidlo.
2. No sabemos lo que pasó finalmente con el coche de James Dean, ¿crees que alguien se atrevió a reconstruirlo de nuevo? ¿De haberlo encontrado tú, y conociendo su historia, qué habrías hecho?
3. Imagina que tú eres el conductor del autobús del texto número 3. Acabas de llegar a casa asustado, nervioso… ¿Cómo le contarías a alguien lo que te ha pasado?
   Ejemplo: *¡Ay!….no puedo ni hablar, cuando te lo cuente no te lo vas a creer. Resulta que…*

Y los sueños, ¿tienen una explicación? Entre toda la clase comentad las pesadillas más terroríficas que habéis tenido. El profesor las escribirá en la pizarra.

A. ¿Qué significado tienen esas pesadillas? A lo mejor encuentras la solución en el siguiente texto. Léelo.

HISTORIAS PARA NO DORMIR

Casi todos hemos experimentado sueños que nos han provocado ansiedad o miedo. A veces ese sueño se repite y, en ocasiones, cambia su forma a pesar de presentar el mismo mensaje. Algunos ejemplos de pesadillas son: caerse, ser perseguido o atacado, llegar tarde a un examen, ser incapaz de moverse o gritar, ahogarse, estar desnudo en público... Este tipo de sueños refleja la incapacidad del soñador para reconocer y resolver conflictos en su vida real. Las pesadillas nos transmiten un mensaje, si sabemos interpretarlo resolveremos nuestro problema y dejaremos de tenerlas.

Soñar con una caída significa que nos sentimos sin apoyo y preocupados por algo. Si conducimos un coche fuera de control es que nuestra vida es caótica, vivimos estresados. No estamos seguros de nosotros mismos o nos falta preparación si llegamos tarde a un examen o a un acto. Cuando estamos estancados en nuestra vida real o no podemos expresar nuestros deseos y emociones con facilidad, soñamos con que no nos podemos mover, hablar o gritar. También la falta de seguridad hace que soñemos con que estamos desnudos en público. Si estás atrapado y no puedes escapar, quizá sea porque en tu vida real tienes que hacer nuevos planes, buscar nuevas posibilidades.

Según los expertos, todos esos malos sueños y muchos más se podrían evitar si no se consumiera alcohol, estimulantes antes de dormir, o si nos aisláramos de los ruidos externos que puedan provocar cambios bruscos en el estado del sueño. Otro truco consiste en escribir la pesadilla en un papel, leerla en voz alta y luego romperla. Pero lo mejor y más eficaz para evitarlas es aprender a reconocer que solo es un sueño y a controlarlo.

B. ¿Puedes ordenar las siguientes ideas según su orden de aparición en el texto? ¡Suerte!

❏ La necesidad de cambiar tu vida, tus aspiraciones, tus objetivos también producen pesadillas.

❏ La mayoría de las personas han padecido este tipo de sueños.

❏ El café, el té o las bebidas alcohólicas no son recomendables si se quiere tener dulces sueños.

❏ Tus pesadillas desaparecerán si sabes cómo controlarlas desde el mismo sueño.

❏ Las pesadillas son una llamada de atención para que solucionemos problemas de la vida real...

C. Ahora cambia las palabras y expresiones en negrita por sinónimos o expresiones similares. ¡No utilices palabras baúl del tipo *haber, tener, ser, cosa, asunto*, etc.!

1. Todos **hemos experimentado** sueños que **provocan ansiedad**.
2. Este tipo de sueños **refleja** la incapacidad del soñador para reconocer y **resolver conflictos** de su vida real.
3. Soñar con una caída significa que **nos sentimos sin apoyo**.

. Uno de los fenómenos paranormales más conocidos en España por su extensión en el tiempo es el de las caras de Bélmez. Esta es la información que apareció en www.editorialbitacora.es sobre el caso.

> *En 1971 una serie de fenómenos físicos aparentemente paranormales causaron una considerable alarma y sorpresa en una pequeña casa en Bélmez de la Moraleda, una ciudad del Sur de España. El fenómeno consistía en la formación de extrañas caras en el piso de la cocina. El caso fue ampliamente tratado en los medios de comunicación. La primera de esas caras apareció el 23 de agosto de 1971. Varios investigadores, tales como Martínez Romero, emplearon el término «teleplastia» para referirse a este fenómeno, esto es, la «proyección de formas a causa de una energía desconocida». Veinticinco años después nadie ha sido capaz de probar ni el fraude ni su autenticidad.*

Entre todos comentad estas cuestiones:

1. ¿Existe en tu país algún fenómeno parecido?

_____

2. ¿Has experimentado en alguna ocasión un fenómeno paranormal?

_____

3. En España, para asustar a los niños que no quieren dormir, se les dice que va a venir «el hombre del saco» y se los va a llevar. ¿Tienes en tu país algún personaje parecido? Háblanos de él.

_____

_____

21 ESTA ES SU VIDA

ESCRITURA CREATIVA (1): ESCRIBIR
TEXTOS BIOGRÁFICOS PERSONALES.
SINTETIZAR INFORMACIONES Y ARGUMENTOS
PROCEDENTES DE VARIAS FUENTES

PARA PREPARAR LA ESCRITURA

1. Paz Vega es una de las actrices españolas que se está abriendo paso con fuerza en el cine internacional. ¿La conoces? ¿Has visto alguna de sus películas? Coméntalo en plenaria.

   A. La actriz ha sido entrevistada en <u>www.famosos.es</u>. Estas son sus respuestas, pero faltan las preguntas. ¿Por qué no las escribes?

■ **Tu pregunta:** _____

☐ Con eso de la popularidad no puedo ir a la playa a tomar el sol en bolas o salir de juerga con mis amigos. Eso sí, tiene sus ventajas: llegas a una tienda y te tratan como a una reina.

■ **Tu pregunta:** _____

☐ Todo tiene su dificultad, aunque me resulta más fácil hacer un desnudo o una escena de sexo, donde todo es muy técnico, que una escena de mucha tensión dramática.

■ **Tu pregunta:** _____

☐ No soy la «nueva Penélope Cruz». Yo soy Paz Vega. Penélope hay una y es maravillosa.

■ **Tu pregunta:** _____
☐ Nada es demasiado importante. Lo que realmente importa es llegar a tu casa, estar tranquila y poder dormir bien. Por eso, todo lo que me pasa me lo tomo como algo normal.

■ **Tu pregunta:** _____
☐ Me gusta mucho Sevilla porque soy de allí, pero como Madrid no hay nada. Es un sitio que te abre la mente por la cantidad de gente distinta que hay. Te hace crecer como persona.

■ **Tu pregunta:** _____
☐ Hay que vivir el día a día y el resto de las cosas vienen solas. Si alguna vez tengo la oportunidad de trabajar en Hollywood, será una sorpresa y una alegría. O igual salgo horrorizada…

B. Con lo que ya sabes de Paz Vega y las curiosidades que tienes en la ficha, seguro que puedes explicarnos algunos de los cambios que se han producido en su vida.

CURIOSIDADES

→ Dirigió una obra de teatro.

→ Protagonizó la campaña de Freixenet para la Navidad de 2003.

→ Su nombre auténtico es Paz Campos Trigo.

→ Ya no sale de marcha por Madrid, prefiere quedarse en casa.

→ Junto con unos amigos montó una empresa en la que hizo una serie de fiestas alternativas con dj's.

→ Su primera oportunidad le llegó en la televisión.

→ Trabajó de camarera.

→ Quería ser deportista.

→ Estudió dos años de periodismo.

Para explicar los cambios	Ejemplo:
	Ella quería ser deportista pero se ha convertido *en una estrella del cine...*

cambiar de + SUSTANTIVO

convertirse en + ADJETIVO / SUSTANTIVO

llegar a + SER + ADJETIVO / SUSTANTIVO

quedarse + ADJETIVO

quedarse + COMPLEMENTO PREPOSICIONAL

hacerse + ADJETIVO / SUSTANTIVO

ponerse + ADJETIVO

volverse + ADJETIVO

C. Ahora escribe tú los cambios más importantes en tu vida *(aspecto físico, ideología, aficiones, carácter, trabajo...)* y después coméntalos con tus compañeros.

Ejemplo:
He dejado de fumar y me he puesto *un poco más gordito...*

2. Alejandro Amenábar se ha convertido en uno de los directores de cine español más conocidos y de mayor prestigio internacional.

A. En esta ficha tienes desordenados algunos datos importantes de su vida. A partir de ellos, en parejas, elaborad su biografía. En el siguiente cuadro te aportamos algo de ayuda para el trabajo.

> Al cabo de   Un/a ... más tarde   Poco después   Tras / después de + Infinitivo
> Al + infinitivo   A las...   Mientras   Ese año   Al mismo tiempo
> Al...siguiente   De...a...   Desde... hasta   En aquel tiempo   Aquellos años
> En aquella época   Dos años después   Al mismo tiempo   Hace ... años que...
> Desde...   En...   Cuando tenía...

1994 – Tercer corto premiado: *Luna*

1972 – Nace en Santiago de Chile, padre español, madre chilena.

1991 – Premio de la Asociación Independiente de Cineastas Amateurs (AICA) por su primer cortometraje: *La cabeza*.

2004 – Declarar – su homosexualidad – en revista

1973 – Dos semanas antes golpe estado Pinochet. Familia emigrar España.

1992 – Participación Festivales Cine: Elche, Carabanchel...

2005 – Óscar – mejor película habla no inglesa – *Mar adentro* – Convertirse en uno de los directores más solicitados.

1990 – Ingreso Facultad de Ciencias de la Información – Madrid – Especialidad Imagen. – A pesar de no ser buen estudiante – Llegar a ser director de cine.

1996 – Primera película – *Tesis* – Siete premios Goya – Buenas críticas – Poco presupuesto – Amigos actores.

2001 – Estreno – Festival de Venecia – *Los Otros* – Trabajo con Nicole Kidman – Nominación mejor película Cine Europeo. Con esta película – Hacerse famoso en todo el mundo.

1997 – Segunda película – *Abre los ojos* – Éxito crítica – Festivales Berlín o Tokio – Tom Cruise – Comprar derechos para *Vanilla Sky*.

2004 – Presentación *Mar adentro* – Narrar – Historia real – Ramón Sanpedro – tetrapléjico.

Después de todo lo que has aprendido ya tienes recursos para escribir la biografía de quien tú quieras *(un amigo, tu pareja, un familiar, un personaje famoso, un personaje histórico, un político...)*. No olvides tratar estos aspectos:

▶ **Infancia**   ▶ **Profesión**
▶ **Adolescencia**   ▶ **Aficiones**
▶ **Formación**   ▶ **Curiosidades**

Para escribir correctamente necesitas saber las reglas de acentuación. ¿Las recuerdas? Fíjate en estas palabras *agudas, llanas* y *esdrújulas,* e intenta deducir la regla que hace que algunas lleven tilde y otras, no.

AGUDAS	LLANAS	ESDRÚJULAS
nació	césped	dramático
vivir	cosas	esdrújula
parchís	móvil	histórico
mujer	bueno	cáscara
colchón		
Llevan tilde cuando la sílaba tónica es la última y terminan en...	Llevan tilde cuando la sílaba tónica es la penúltima y no terminan en...	Su sílaba tónica es la antepenúltima y llevan tilde...

Para comprobar si lo has entendido, observa este texto y pon las tíldes en las palabras que lo necesiten. Trata del desaparecido *Camarón de la Isla,* uno de los grandes mitos del flamenco.

Nacio el 5 de diciembre de 1950 en San Fernando (Cadiz). Fue el sexto de una familia gitana muy humilde de ocho hijos que vivia en la Isla de Leon, San Fernando, a escasos kilometros de Cadiz. Su tio Joseico fue quien le llamo Camaron, porque ademas de rubio y delgado, que parecia transparente, siempre andaba saltando de un lado para otro. Su padre murio joven y Juana, su madre, apenas podia sacar a adelante una familia tan numerosa. Camaron ya ganaba algunas pesetas cantando por la calle con tan solo siete años. Viajo a Madrid y actuo en el tablao Torres Bermejas. La trayectoria de Camaron se puede definir en tres etapas: hasta el año 1968 sigue la tradicion; hasta 1978, inicio la renovacion de su cante; a partir de 1979, reforzo sus aspectos mas revolucionarios con el disco *«La leyenda del tiempo»*. El día 2 de julio de 1992, Jose Monge Cruz, Camaron de la Isla, dejaba de existir. *«Me gustaria que me enterraran en San Fernando»,* habia declarado. Su deseo se cumplio. Alli, por fin, descansa en paz. En 1992 fue nombrado Hijo Predilecto de San Fernando.

22 EL CUENTACUENTOS

ESCRITURA CREATIVA (II):
ESCRIBIR TEXTOS NARRATIVOS
Y HACER DESCRIPCIONES

PARA PREPARAR LA ESCRITURA

I. ¡Cuéntame un cuento! Cuando éramos pequeños, todos hemos pedido esto alguna vez a nuestros padres o familiares, pero ¿sabes exactamente qué es un cuento?

A. Marca la definición que consideres más acertada y justifica tu elección:

1. Narración extensa desarrollada a través de historias interrelacionadas en la que intervienen un gran número de personajes.
2. Narración breve de un suceso imaginario, fantástico o verosímil.
3. Breve composición poética inspirada en tradiciones populares.

B. El cuento, como narración, presenta un orden y una organización necesarios para poder ser entendido.
A continuación, vas a leer un cuento tradicional argentino. Debes ordenarlo y explicar a qué parte corresponde cada fragmento. Recuerda que cualquier narración se compone de: **planteamiento (P), nudo (N)** y **desenlace (D)**.

Leyenda del crespín

	ORDEN	PARTE (P/N/D)
1. A causa de tanta faena, un año en el que la cosecha era muy abundante, el buen hombre enfermó gravemente. Este le pidió a su mujer que fuera al pueblo para conseguirle las medicinas y así curarse para continuar su trabajo.		
2. Hasta tres veces la avisaron de que su marido se estaba muriendo, pero ella no le daba importancia e incluso cuando le dijeron que ya había fallecido, ella siguió bailando.		
3. Días después, cuando finalizó la diversión, la Crespina regresó a su hogar. Unos buenos vecinos habían enterrado a su buen marido. Solo entonces se dio cuenta de su inmensa soledad y llamaba a su marido: "Crespín, Crespín...". Le rogó a Dios que le diera alas para encontrar a su esposo y Dios la convirtió en pájaro. Desde entonces es el pájaro triste y solitario que en época de cosecha llama a su campesino.		
4. Había una vez una vez un matrimonio de campesinos que vivían en un modesto rancho en la provincia del Chaco. El se llamaba Crespín y a ella le decían la Crespina. Mientras Crespín trabajaba duro las tierras, su mujer era muy holgazana y amante de las fiestas y la bebida.		
5. En el camino al pueblo ella encontró un rancho donde estaban celebrando una fiesta y decidió descansar allí un rato. Como era muy aficionada a la fiesta, se quedó allí olvidando a su pobre marido enfermo.		

90

C. Los cuentos tienen una serie de elementos en común (personajes, tiempo, espacio…) Vuelve a leer el cuento del crespín y completa el cuadro con la información que te pedimos:

PERSONAJES	ESPACIO	TIEMPO

AHORA, ¡A ESCRIBIR…!

Cuentacuentos por un día

2. A. *Juan sin miedo* es uno de los cuentos españoles más populares. Con vuestra fantasía, en pequeños grupos, vais a intentar escribirlo.

Elementos indispensables que tienen que aparecer en el cuento

Juan sin miedo
Pueblo
Castillo encantado
Arañas
Jardines
Chimenea
Lejano reino
Fantasma
Búho
Bandidos
Cabeza sin cuerpo
Princesa
Rey

Guía para el cuentacuentos

1. Escribir un borrador, sin preocuparse demasiado por la forma, en el que secuenciéis la historia de forma esquemática. Definir a los personajes, el espacio y el tiempo. Determinar las acciones que suceden, cómo y cuándo suceden, etc.

2. Revisar la estructura y los elementos del cuento.

3. Redactarlo siguiendo el esquema.

4. Corregir las construcciones gramaticales, el léxico, evitar las repeticiones de palabras y posibles errores ortográficos y de puntuación.

JUAN SIN MIEDO
Principio:
Érase una vez / Había una vez / Érase que se era…

Final:
Colorín, colorado, este cuento se ha acabado.

B. Ahora cada grupo va a contar su versión del cuento en voz alta. Comentad las diferencias que haya entre las versiones.

Ej.: *En nuestro cuento, Juan es más joven que en el vuestro…*

3. EL CUENTO DE LA CLASE

Vamos a escribir el cuento de la clase. Entre todos debéis elegir una palabra clave de cada una de estas categorías. Esas palabras que elijáis deben aparecer obligatoriamente en el cuento.

> un objeto, un animal, una persona de la clase (puede ser el profesor), un lugar, una época, un personaje de cuento (Pinocho, Blancanieves, Pulgarcito…).

Después de elegir las palabras, individualmente escribirás el cuento. Sigue estas instrucciones:

▶ incluye las palabras clave

▶ recuerda todo lo que has aprendido en la unidad (*estructura del cuento, personajes, ambiente...*)

Finalmente, el profesor recogerá todos los cuentos y los repartirá al azar. Cada uno lee en silencio el cuento que le haya tocado y después se lo cuenta al resto de la clase.

UN POQUITO MÁS

LOS CUENTOS Y TÚ.

A. Habla con tu compañero/a de las siguientes cuestiones relacionadas con este tema:

Preguntas

1. ¿Qué cuento recuerdas de tu infancia?

2. ¿Quién solía contarte los cuentos?

3. ¿Cuándo te los contaban?

4. ¿Te daba miedo alguno?

5. En tu país, ¿cuál es el personaje de cuento más popular?

6. ¿Qué significa si alguien te dice «*No me cuentes cuentos chinos*»?

B. El Ratoncito Pérez es otro de los personajes de cuento más populares en España y en otros países del mundo, aunque con otros nombres:

En Francia, en los cuentos, también se habla de un roedor, en este caso llamado Petite Sauri. En ámbitos de influencia anglosajona (EEUU, Inglaterra, Australia) nos encontramos con el Hada de los Dientes (Tooth Fairy). Es curioso el caso de Canadá, país que comparte ambos ámbitos culturales –anglófilo y francófilo– y en el que coexisten los dos tipos de personajes. De cualquier forma, el personaje siempre realiza la misma función: deposita un regalo o unas monedas debajo de la almohada de sus pequeños amigos.

¿Existe este personaje en tu país? ¿Cómo se llama?

Para conocer la historia completa del personaje (*origen, tradición...*) y el cuento podéis consultar: **http://cvc.cervantes.es/actcult/raton/**

PARA PREPARAR LA ESCRITURA

I. En español podemos expresar una misma idea de muchas formas distintas. Decir que alguien es *perezoso* es igual que decir que *no da ni golpe, no da palo al agua, no hace ni el huevo…*

A. En el cuadro te mostramos una serie de locuciones y modismos muy empleados en español para describir a las personas. Trata de descubrir su significado. Te ayudamos con los antónimos de la derecha.

FRASES	SIGNIFICADO	ANTÓNIMO
I. Tener buen saque.	*good appetite*	Comer como un pajarito.
2. Llevar la voz cantante.	*be leader / centre*	Ser un don nadie.
3. Irse por las ramas.		Ir al grano.
4. Dárselas de (algo).		Ser un cero a la izquierda.
5. Hablar por los codos.		No decir ni pío.
6. Ir (alguien) a lo suyo.		Ser un metomentodo.

B. Completa los diálogos con las frases anteriores:

1.
■ ¡Ay que ver lo que hemos pagado de teléfono este mes! ¡300 euros!
□ Claro, es que tú *hablas por los codos* Llamas a todo el mundo para contarle esto, lo otro, lo de más allá, y eso hay que pagarlo.

2.
■ ¿Has hablado con Pepe últimamente?
□ No. Lo veo ir de acá para allá en el trabajo, pero hace tiempo que no hablamos, él *va a lo suyo* y yo, a lo mío.
■ ¡Qué raro! Antes le gustaba echar un ratito de charla con nosotros, ¿qué le pasará?

3.
■ ¿Qué tal te llevas con tu nuevo compañero de trabajo?
□ No muy bien. *Se las da* de inteligente, pero en realidad no sabe dónde tiene la cara.
■ Bueno, hombre, dale tiempo… Seguro que no será para tanto.

4.
■ Venga, cuéntamelo todo, que tengo prisa…
□ Bueno, cuando yo te llamé eran las doce, pero todavía no había desayunado, entonces…
■ Rápido… No *te vayas por las ramas* que me tengo que ir.

5.
■ Puedes invitarlo a todo lo que tú quieras porque le encanta comer.
□ Es verdad… No me acordaba de que *tiene buen saque*
■ Claro que sí. Además, le gustan muchísimo los dulces…

6.
■ María no pinta nada en la empresa. Quien *lleva la voz cantante*, es su hermano. Es el que manda.
□ Ah, pues no tenía ni idea… Como siempre está ella en el despacho de dirección.

Hay veces que no entendemos lo que se nos dice. En estos diálogos encontrarás expresiones que utilizamos para esas situaciones. De las tres posibilidades que te damos, elige las dos que son correctas. ¡Suerte!

1.

■ ¿Por qué no te ríes? ¿No te ha hecho gracia el chiste?

☐ Lo siento, es que _____

    a) he perdido el hilo.

    b) no lo cojo.

    c) no me entero.

2.

■ En mi opinión en esta composición poética predomina el hipérbaton...

☐ ¿Qué palabreja has dicho?, _____

    a) habla en cristiano.

    b) no me viene.

    c) no entiendo ni jota.

3.

■ Me gustaría escuchar más la radio en España, pero es que _____

☐ Es cuestión de paciencia, en poco tiempo comprenderás mucho mejor... Ya lo verás.

    a) me suena a chino.

    b) habla en cristiano.

    c) no entiendo ni papa.

4.

■ Voy a empezar a leer este libro otra vez porque con tanto personaje_____
y no sé quién es quién.

☐ Sí, cuando es una historia tan complicada...

    a) no sigo

    b) me he perdido

    c) he perdido el hilo

AHORA, ¡A ESCRIBIR...!

3. Por parejas, a partir de la información que tenéis en las fichas, elaborad los diálogos incluyendo las expresiones, refranes y modismos que os damos. Después, los representaréis para todo el grupo.

1

MADRE	HIJO	INCLUIR
– Discute con su hijo por los amigos. – Piensa que los amigos se aprovechan de él.	– Sale mucho de noche. – Estudia poco. – Defiende a sus amigos.	– *Dime con quién andas y te diré quién eres.* – *Ser un pedazo de pan.* – *Ser un caradura.*

2

NOVIA	NOVIO	INCLUIR
– Le han llegado comentarios de que su novio le es infiel con una compañera de trabajo. – Piensa que él se siente atraído por esa compañera.	– Desmiente los comentarios y rumores. – Le dice que sus pensamientos son producto de su fantasía y que todo tiene solución.	– *Todo tiene remedio menos la muerte.* – *Mentir más que hablar.* – *Caérsele a alguien la baba con alguien o algo.*

3

JEFE	EMPLEADO	INCLUIR
– Reprocha a su empleado su falta de puntualidad. – Le recuerda que, si se levanta temprano, podrá hacer muchas más cosas.	– Se defiende de su jefe diciendo que siempre es puntual. – Asume que el jefe es quien manda.	– *A quien madruga, Dios le ayuda.* – *Donde hay patrón, no manda marinero.* – *Ser un reloj*

4. Como *el saber no ocupa lugar,* todavía puedes aprender algunos refranes más. Intenta descubrir el significado de los que aparecen en el cuadro. Para explicarlos puedes usar las fórmulas que aprendimos en la unidad 15. Después comprueba tus respuestas analizando el funcionamiento de los refranes en los diálogos.

Refranes	Explicación
Quien mal anda, mal acaba.	*Creo que significa… / Me parece que puede significar que…*
Ande yo caliente y ríase la gente.	
Dios los cría y ellos se juntan.	
Siempre hay un roto para un descosido.	
A caballo regalado no le mires el diente.	
No es oro todo lo que reluce.	

SITUACIONES

1.
■ A Manolo lo han vuelto a meter en la cárcel.
□ ¿Otra vez? Pero si acababa de salir...
■ Sí, es verdad... Lo que pasa es que lo han cogido robando de nuevo...
□ No, si está claro eso de que **quien mal anda, mal acaba...**

2.
■ Pero, ¿qué llevas puesto? ¿Tú te has visto en el espejo?
□ Yo sí, ¿no te gusta?
■ Creo que vas haciendo el ridículo.
□ Me da igual, **ande yo caliente y ríase la gente...**

3.
■ ¿Has visto lo bien que se llevan Juan y Miguel?
□ Sí, son uña y carne. Siempre juntos, hacen las mismas cosas, van a los mismos sitios... y eso que solo hace un mes que se conocen.
■ Sí, pero ya sabes lo que dice el refrán: **«Dios los cría y ellos se juntan».**

4.
■ ¿Te has enterado de que José sale con una chica?
□ ¿Qué? Con lo insoportable que es...
■ Sí, pero siempre **hay un roto para un descosido.**

5.
■ Me han regalado este compacto de flamenco... Lo que pasa es que no es mi música favorita...
□ Hombre, no te quejes, **a caballo regalado no le mires el diente.**

6.
■ ¡Qué chalé más bonito se han comprado mis vecinos! ¡Están forrados!
□ No te creas, **no es oro todo lo que reluce,** he escuchado que están de trampas hasta arriba.

¿Te atreves a inventarte diálogos en los que aparezcan estos refranes? ¡Ánimo!

UN POQUITO MÁS

EL MUNDO DE LOS REFRANES

5. El refranero del español es muy amplio y tiene correspondencia con el de otras culturas. Vamos a descubrirlo.

A. Dividid la clase por nacionalidades.

B. Cada grupo buscará refranes y dichos populares en su lengua y las traducirá al español.

C. Buscaréis, si tiene, su equivalente en la red.

D. Expondréis vuestros resultados en gran grupo. Seguro que es divertido.

E. Si podéis, os recomendamos elaborar una página de Internet con todos vuestros refranes y colgarla en la Red. Si no es posible, haced un mural para la clase.

24 UN CUERPO 10

INFORMES Y REDACCIONES: RESUMIR PARTE
DE UN TEXTO Y OPINAR SOBRE ESTE.
REDACTAR SOBRE UN TEMA DE INTERÉS.

PARA PREPARAR LA ESCRITURA

1. La obsesión por tener un cuerpo diez se está convirtiendo en el origen de muchas de las enfermedades y trastornos de nuestro tiempo. Lee el siguiente texto que trata sobre este tema.

	EL PELIGRO DE BUSCAR UN CUERPO 10
INTRODUCCIÓN **Presentación del tema**	Una preocupante tendencia se está desarrollando entre los adolescentes del siglo XXI: conseguir el cuerpo perfecto. Este parece ser el único camino para encontrar el amor, la felicidad e incluso el éxito laboral, según un estudio realizado en la Universidad de Ulster de Irlanda del Norte.
Primera idea	**Como punto de partida hay que señalar que** el estudio reveló que el 80% de los adolescentes tiene como única preocupación realizar diversas dietas para tener el cuerpo perfecto y atraer la atención del sexo opuesto: «Los hombres siempre se fijan primero en las rubias delgadas», dijo una de las jóvenes encuestadas.
Segunda idea	**Por otro lado**, el estudio mostró también que la imagen de celebridades mundiales como Britney Spears, Shakira o Rihanna es, muchas veces, una influencia peligrosa para los jóvenes.
Tercera idea	**Además,** el 70% de los encuestados indicó que no estaba satisfecho con la forma de su cuerpo o su peso y quería estar más delgado, aunque ya lo estuviera.
Cuarta idea	**Cabe añadir** que el fantasma de la anorexia sobrevuela este tema. En Europa y en América Latina los trastornos alimenticios se están convirtiendo en un grave problema. «No solo es un trastorno físico, sino también emocional», enfatizó Daniel de Girolami (director de la Sociedad Argentina de Nutrición).
Transición y resumen	**Así pues, para resumir,** las presiones culturales, de los medios y del marco social llevan a los adolescentes a tratar de alcanzar el «ideal de la belleza», sin darse cuenta de que eso es solo una imposición.
Conclusión	Girolami **llega a la conclusión de que** los padres deberían, por una parte, enfrentarse a esta situación sin presionar a la persona, «no se debe usar nunca la comida como premio ni como castigo» y, por otra, estar atentos a los comportamientos de los adolescentes.
Ampliación de la conclusión	**Para acabar,** podríamos plantearnos la siguiente pregunta: «¿Si a Rihanna le sobraran unos kilos, vendería tantos discos?».

A. Fíjate bien en la estructura del texto, en las partes que lo componen y en los conectores que se han usado para presentar distintas ideas.

B. Ahora os ofrecemos nuevos conectores. Solo hay un problema: algunos no están en su lugar correspondiente. ¿Por qué no ordenas los tres bloques correctamente?

Introducción / Presentación / Orden de ideas	Resumen	Conclusión
~~Para terminar~~	En pocas palabras	~~Digamos que...~~
Se puede añadir	En resumen	~~Para resumir diremos que...~~
Aparte	~~En conclusión~~	Concluyendo
Cabe agregar	Resumiendo	~~Incluso~~
Para empezar	~~Empezaremos por decir que...~~	~~Para seguir~~
~~Todo esto nos lleva a...~~	~~En / primer / segundo / lugar,~~	~~Así pues, para resumir~~
Por otra parte	Cabe añadir que...	~~Por una parte~~
		Para finalizar

Handwritten annotations:

Bajo Introducción: Por una parte / Incluso / Digamos que... / Para seguir / En primer lugar

Bajo Resumen: Para resumir diremos que... / Así pues, para resumir / Todo esto nos lleva a... / Empezaremos por decir que...

Bajo Conclusión: En conclusión / Para terminar / Todo esto nos lleva a...

C. ¿Cuál es tu postura sobre el tema tratado? ¿Estás de acuerdo con todo lo que has leído? Reflexiona y escribe tu opinión sobre estas afirmaciones que hemos recogido en el siguiente extracto. Para ayudarte puedes usar los conectores que te presentamos en el cuadro.

1. Conseguir el cuerpo perfecto es el único camino para triunfar en la vida.
2. Los hombres siempre se fijan en las chicas rubias y delgadas.
3. La mayoría de la gente no está satisfecha con su aspecto físico.
4. El ideal de belleza impuesto por la sociedad es el factor determinante en el origen de muchos de los problemas de los adolescentes.
5. La anorexia destruye a los enfermos y a sus familias. Es la epidemia de los jóvenes del s. XXI.

SI NECESITAS AYUDA...	Ej.: *Conozco a mucha gente que cuida muchísimo su cuerpo; va al gimnasio, hace dieta...* **No obstante,** *creo que no hay que obsesionarse con todo eso* **o de lo contrario** *aparecerán los problemas...*
No obstante....	
Sin embargo...	
No tiene sentido decir que...	
En cambio,...	
Bien mirado, no creo que...	
De lo contrario,...	
Por contra...	

AHORA, ¡A ESCRIBIR...!

2. A la página web **www.cuerpo10.es** han escrito algunas personas dando su opinión sobre nuestro tema. Léelas.

CUERPO 10

Temas

Belleza

Nutrición

Salud

Trabajo

Dinero

Amor

Deporte

Josefa Bada
Experta en nutrición
«En mi opinión somos lo que comemos... No es recomendable saltarse ninguna comida; pero, claro, deberíamos tomar menos bollos y menos grasas, seguir la dieta mediterránea y evitar la vida sedentaria...»

Igor Do Santos
Modelo
«Tu cuerpo es tu carta de presentación, por eso debes cuidarlo... Hay que sacrificarse mucho, pero merece la pena. No hay que cometer excesos; yo no bebo, no fumo... Dedico tres horas diarias al mantenimiento de mi cuerpo. Duermo ocho horas...»

Antonio Bandejas
Camarero
«Para mí el cuidado del cuerpo es secundario... Si para estar delgado hay que pasar hambre, prefiero estar gordito, mantener mis michelines. No me gusta el deporte; bueno excepto uno, el que se practica en el sofá.»

Armando Saltos
Profesor de aeróbic
«A la hora de comer, tengo siempre en cuenta que lo que preparo no tenga muchas calorías... Bebo mucha agua, más de tres litros al día... Tomo soja, lecitina, cereales, productos light... Además, hago muchísimo deporte, así me mantengo en forma...»

Después de leer estas opiniones, ¿puedes elaborar un texto argumentativo para explicar cuál es tu postura? Ayúdate con todos los recursos que te hemos ofrecido en esta unidad:

◗ Atención a la estructura del texto.
◗ Empieza con una introducción para presentar tu postura sobre el tema.
◗ Usa los conectores para ordenar tus ideas y argumentos *(en primer lugar, además, para terminar...).*
◗ No olvides la conclusión.
◗ Puedes incluir ejemplos, citas, opiniones de expertos o la tuya propia para reforzar tus tesis.

3. Al consultorio psicológico de la revista electrónica *Comer bien* llegan cada día miles de consultas. Vais a trabajar en parejas. Uno de vosotros escribirá un texto exponiendo cuál es el problema que tiene un amigo/a y el otro será el psicólogo que tratará de dar la solución. Podéis usar esta información:

ENFERMO/A	PSICÓLOGO/A
Antes 65 kilos, ahora 41	Autoestima
Solo una comida al día	Terapia
Cambios de humor	Reconocer el problema
Pérdida de amigos	Apoyo padres
Falta de concentración en los estudios	Control diario de la dieta
Problemas con sus padres	Paciencia

. Lee estos artículos sobre la estética gótica y los *cools*.

LOS GÓTICOS	LOS *COOL*
La estética gótica se caracteriza por su predilección por el color negro, el rojo y el morado. Llevan la cara muy blanca y esto contrasta con el color negro del cabello. Las películas del famoso director Tim Burton nos dan un ejemplo de la imagen buscada por los góticos. Como complementos suelen lleva joyería de plata, cadenas, anillos y pírsines. La ropa suele ser de piel acompañada de botas militares o con plataforma. Encuentran la belleza en lo oscuro.	Los *cool* son víctimas de lo exclusivo. Esa exclusividad es un privilegio. Para reconocer esta estética hay que fijarse, por ejemplo, en el peinado que siempre será supermoderno. La ropa es retro pero sin dejar de ser *fashion*: camisetas y faldas llamativas, pantalones de campana... Todas las prendas: zapatos, bolsos, y complementos, por supuesto, son de marca y siempre buscan lo último de los último.

Manolo Pecho Lóbez también ha leído estos artículos. No le gustan estas tendencias y está en contra de la moda en general, por eso se ha decidido a escribir al periódico expresando su opinión, totalmente contraria a esta nueva moda. En pequeños grupos, poneos en su lugar y redactad el texto.

> En mi vida me pintaría la cara de blanco... ¿Gastarme tanto dinero en ropa de marca? Ni pensarlo.

. Las *partes del cuerpo* están presentes en muchas de las expresiones y frases hechas del español. Vamos a conocer algunas.

A. Trata de unir cada expresión o frase hecha con su significado correspondiente:

1. **Hincar los codos**   a. Tenerle manía a alguien.
2. **No tener algo ni pies ni cabeza** b. Sorprenderse por algo.
3. **Quedarse con la boca abierta** c. Sin habilidad para trabajos manuales.
4. **Tener a alguien entre ceja y ceja** d. Algo que no tiene explicación lógica o que no se entiende.
5. **Ser un manazas**   e. Estudiar.

B. Ahora, a **hablar por los codos...** Pregunta a tu compañero/a y completa la información que te pedimos:

1. Mi compañero-a **hincó mucho los codos** cuando...
2. Para él/ella en España **no tiene ni pies ni cabeza** que...
3. **Tenía entre ceja y ceja** a un profesor que...
4. La persona **más manazas** que conoce es... porque...
5. Recuerda que **se quedó con la boca abierta** una vez que...

ESTIMADOS SRES.:

PARA EMPEZAR

I. ¿Te gusta escribir cartas? ¿Qué tipo de cartas escribes? En esta unidad vamos a aprender a escribir *cartas formales para solicitar información y para expresar quejas y ruegos.*

A. Este es el esquema de las partes de una carta formal. Complétala con los datos de la derecha:

Datos del remitente	Le saluda atentamente,
Datos del destinatario	Fdo.: Monserrat Puente
Lugar de origen y fecha	Solicitud de información Terapia Antitabaco de la Consejería de Salud.
Asunto	Barcelona, 20 de mayo de 2012
Saludo	Podría ponerse en contacto conmigo a través de mi correo electrónico: montarrat2@uau.es
Cuerpo	Estimada Sra.:
	Sra. D.ª Montserrat Puente C/ La Danza, 3. 08020, Barcelona.
Despedida	Me permito dirigirme a Vds. para solicitar…
Firma	Consejería de Salud Avda. de las Palmeras, 28 08037 Barcelona
P.D./P.S.:	

B. Agrupa en los recuadros correspondientes las siguientes palabras o frases según la parte de la carta donde aparecen:

SALUDO	INICIO CUERPO	DESPEDIDA

Me dirijo a… IC
Reciban un cordial saludo, D
Se despide atentamente, D
Atentamente le saluda, D
Sin otro particular, se despide atentamente, D

D
Dándole las gracias de antemano y en espera de su respuesta, le saluda atentamente,
Les escribo para comunicarles… IC
Me complace ponerme en contacto con… IC
En espera de sus noticias, reciba un cordial saludo, D
En relación con… IC
Distinguido/a Sr./Sra.: S
Señores/Señoras: S
Un atento saludo, D
Muy señor/a/es/as mío/a/s: S

AHORA, ¡A ESCRIBIR CARTAS!

2. Hace un par de semanas Serafín escribió un correo electrónico a la clínica PONTEBELLO pidiendo información sobre sus operaciones de cirugía estética. Le han contestado, pero en su correo electrónico se han mezclado los dos correos. En parejas, ordenad este caos y podréis leerlas.

Para:	pontebello@guau.es
Asunto:	Información operaciones cirugía
Enviado:	15/3/2012

Estimados Sres.: Clínica Pontebello. Pza. Arco 13, 4º A. 22315, Málaga. Fdo.: Serafín Demipro Blema Serafín Demipro Blema. C/ Comilón, 10. 45303, Campillos. Estimado Sr. Demipro: Fdo.: Raúl Garrido Responsable de Atención al paciente. A la espera de sus noticias, les saluda atentamente, Estoy bastante acomplejado con mi aspecto físico y creo que Vds. podrían ayudarme. Quisiera que me enviaran más detalles sobre la operación, su coste, garantía de éxito y cualquier otro dato que consideren de interés. Hemos recibido su carta y le agradecemos que haya confiado en nuestra clínica. En cuanto a la información que solicita, preferiríamos proporcionársela personalmente. Sin otro particular, le saludamos atentamente, Hace un mes recibí en mi correo electrónico un anuncio con alguna información de su clínica. Estoy interesado en sus servicios ya que me gustaría someterme a una liposucción. Por ello, lo invitamos a que nos visite sin ningún tipo de compromiso y nuestros especialistas lo atenderán con mucho gusto. Le recordamos que nuestro horario es de 10:00 de la mañana a 22:00 de la noche.

3. Imagina que te han ofrecido un nuevo trabajo que te interesa mucho, pero necesitas habla[
español. Tienes que aprenderlo en poco tiempo. Has buscado en la Red y has visto est[
anuncio, léelo:

ESPAÑOL EXPRÉS

Aprende español en una semana

De una forma natural
Sin escribir
Sin gramática
Con canciones
Con profesores expertos
Con nuevas tecnologías
Actividades online
Clases por *Skype*
Con fiestas
Con diversión

Más información en:
www.españolexpres.es

A. Escribe un correo electrónico para solicitar la información que necesitas sobre el curs[
(tipo de clases, alojamiento, horario, método de enseñanza, precio...). No olvides ningun[
de las partes de las que consta una carta.

Atención con:

▶ Nos dirigimos a nuestro destinatario usando las abreviaturas: Vd. / Ud. (Usted), Vds.
/ Uds. (Ustedes)
▶ Fórmulas de cortesía para hacer la petición: *estaría muy agradecido si... / le(s) ruego que...*
▶ No podéis olvidar el agradecimiento anticipado.
▶ Después de la fórmula de saludo siempre usamos dos puntos, nunca coma: *Estimado*
Sr.:
▶ Después de la fórmula de despedida se usa la coma: *Se despide cordialmente,*
▶ Usamos la tercera persona en la despedida: *Reciba un cordial saludo,*

MUY IMPORTANTE EN LOS CORREOS ELECTRÓNICOS:

➤ Aunque las cartas formales se envíen por correo electrónico, el formato del cuerpo es el mismo.
➤ Se empieza directamente con el saludo.
➤ Los datos del destinatario ya se han incluido en la casilla:
Para: _____

Seguro que en vuestra escuela hay algún problemilla que solucionar. En pequeños grupos, escribid al director una carta explicándole vuestras quejas sobre el centro… Si necesitáis ayuda, usad la información de este cuadro:

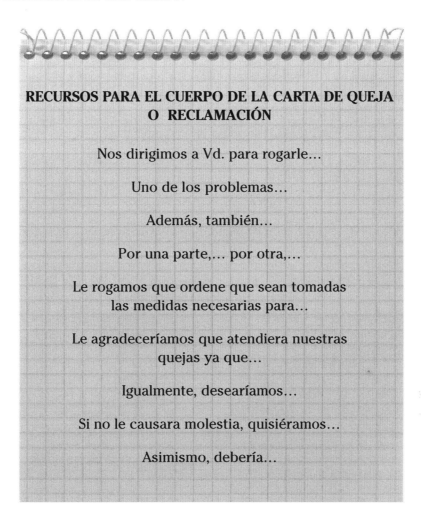

RECURSOS PARA EL CUERPO DE LA CARTA DE QUEJA O RECLAMACIÓN

Nos dirigimos a Vd. para rogarle…

Uno de los problemas…

Además, también…

Por una parte,… por otra,…

Le rogamos que ordene que sean tomadas las medidas necesarias para…

Le agradeceríamos que atendiera nuestras quejas ya que…

Igualmente, desearíamos…

Si no le causara molestia, quisiéramos…

Asimismo, debería…

B. Entregad todas las cartas al profesor que las leerá en voz alta para conocer los problemas sobre los que habéis escrito. Él los recogerá en la pizarra de forma esquemática.

C. Entre todos, como si fuerais el director de la escuela de español, proponed en voz alta diferentes soluciones:

Ejemplo:
- *Si yo fuera el director, para solucionar el problema del acceso a Internet, pondría un ordenador en cada clase…*
- *Pues yo compraría más libros de consulta para la biblioteca porque no hay suficientes…*

PARA EMPEZAR

I. Ya sabéis las características fundamentales de las cartas formales *(disposición, tratamien*tos, *fórmulas, etc.)*. Ahora vamos a aprender un poquito sobre las informales.

A. Hemos recibido este correo electrónico, pero se han borrado algunas partes. Complétala con los elementos que te proponemos en el sobre. Puede haber varias opciones correctas

Para: purip@ula.com

Asunto: Fotos

Enviado: 15/3/2012

(1) _____ :

(2) _____ y, por fin, he encontrado el momento.

(3) _____ para agradecerte que me hayas alojado en tu casa durante mis vacaciones. Dale también (4) _____ a tu marido. Si os animáis, venid a verme algún fin de semana. Seguro que lo pasaremos muy bien. Llamadme.

(5) _____

Elisa

Un abrazo,   Saludos a Juan.   ¿Cómo estás?   Querido Pepe:

Te escribo esta carta porque...   Besos.   Un beso.   ¿Qué tal?

Querida Puri: ¿Cómo te va?   Me he acordado de ti...   ¿Qué hay?

Hace tiempo que quería escribirte...   Te envío estas letras...

¿Cómo andan?   Hola, Juan: Te mando esta carta porque...

las gracias de mi parte   Te mando esta carta...   Espero que nos veamos pronto.

Muchos besos.   Con cariño,   Saludos,   Espero que estés bien.

Te escribo porque...   ¡Hola!   Muchos besos a todos.

Recuerdos a tus padres.   Un fuerte abrazo,

B. Clasifica los elementos del sobre anterior que no has utilizado en:

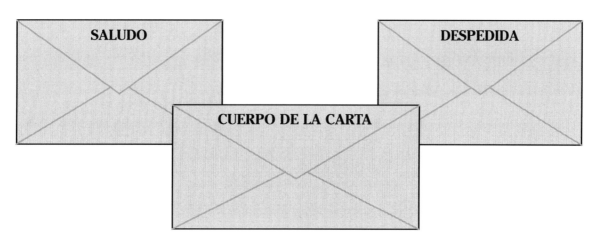

SALUDO

DESPEDIDA

CUERPO DE LA CARTA

C. Como habrás visto, esta es una carta de agradecimiento. ¿Qué fórmulas se usan para expresar este contenido? ¿Conoces alguna más?

2. Masabumi, un estudiante japonés, le ha escrito este correo electrónico a su compañero de piso para agradecerle la fiesta de despedida que le preparó antes de volver a Japón. Todavía no lo sabe hacer muy bien. ¿Podrías corregirle los errores?

Para:	henriklarson@kit.es
Asunto:	¡Fiesta!
Enviado:	15/3/2012

Kioto, 24 de enero de 2012:
Hola, Henrik,
¿Cómo está usted? Por la presente me dirijo a ti para darle las gracias por la fiesta de despedida del viernes ¡Fue increíble! Dado que fue la última oportunidad de estar todos juntos…
En relación con el regalo que me hicisteis tengo que decirte que me encantó.
Quisiera que me enviara las fotos que nos hicimos.
Sin otro asunto, dándole las gracias de antemano, me despido atentamente:
Masabumi;

AHORA, ¡A ESCRIBIR CARTAS!

3. Tu compañero y tú habéis vuelto a vuestro país. Queréis preparar algo típico de la gastronomía española y habéis elegido la sangría, pero no recordáis exactamente cómo se hace…

A. En parejas, escribid una carta pidiendo la receta a un amigo español. Podéis usar estas fórmulas:

PARA ESCRIBIR

➤ ¿Por qué no...?
➤ ¿Podrías...?
➤ Me gustaría que...
➤ Querría que...
➤ Si no te importa...

➤ Si puedes...
➤ Te lo agradeceré siempre.
➤ Te estaré muy agradecido.
➤ Me harías un gran favor.

B. Vuestro amigo Pedro os ha enviado la receta por correo electrónico, pero se ha desordenado. Ordenadla en parejas y, después, escribid la carta completa con todas sus partes y sus fórmulas correspondientes. Puedes inventarte datos y detalles.

Para:	henriklarson@kit.es
Asunto:	Receta
Enviado:	15/3/2012

Si queréis hacerla más fuerte, añadid un poco de coñac o de ron. Ponedlo todo en una jarra o recipiente grande. Guardad la sangría en el frigorífico. Debe servirse muy fría. Lavad los melocotones, quitadles la piel y cortadlos en trozos pequeños. Añadidlos a la mezcla. Se exprimen las naranjas y se añaden al cuenco. Podéis cortar alguna rodaja de naranja entera como adorno. Echad el vino en un cuenco o jarra y añadid el azúcar hasta que se disuelva bien. Elegid un vino tinto no muy caro.

Para empezar: Ahí va la receta que me habéis pedido...
Para terminar: ¡Espero que os salga bien!

UN POQUITO MÁS

4. Para escribir correctamente también es muy importante saber usar los signos de puntuación. En pequeños grupos, completad el siguiente cuadro con ejemplos creados por vosotros mismos. Si no se os ocurre nada, podéis buscarlos en los textos que se ofrecen en el libro.

Signos de puntuación	Se usa para...	Ejemplos
COMA (,)	– Separar los elementos de una enumeración. – Introducir una explicación.	
PUNTO Y COMA (;)	– Separar frases conectadas por su significado.	
PUNTO (.)	**Seguido:** separar las distintas frases de un párrafo. **Aparte:** separar dos párrafos.	
DOS PUNTOS (:)	– Introducir palabras textuales. – Dar paso a una enumeración.	

¿Conoces otros usos de estos signos de puntuación? Añádelos a la lista y pon ejemplos. Comentadlos en gran grupo.

HAY UNA CARTA PARA TI...

A. En España es muy habitual jugar al amigo invisible, especialmente en Navidad, en verano antes de terminar las clases en las escuelas o universidades, o antes de empezar las vacaciones. Este juego consiste en... Si no lo sabes, pregúntale a tus compañeros o a tu profesor.

B. Vamos a jugar:
   a) Cada estudiante escribe su nombre en una tarjeta.
   b) El profesor recoge las tarjetas y las reparte aleatoriamente.
   c) Ya tienes el nombre de uno de tus compañeros/as. Elige un regalo para él/ella y, después, escríbele una carta explicándole las razones de tu elección.
   d) Al cabo de dos días el profesor recogerá las cartas y las leerá en voz alta, sin decir el nombre del destinatario.
   e) Entre todos adivinaréis para quién es la carta y el regalo.
   f) Por último, cada estudiante escribe una carta al amigo invisible dándole las gracias por

> *Querido John:*
> *Después de mucho pensar, creo que el mejor regalo para ti es una entrada para el concierto de U2 del próximo sábado... ¡Será un concierto increíble! Espero que te guste.*
>
> > *Saludos,*
> > *Tu amigo invisible*

> *Querido amigo invisible:*
> *Te escribo para darte las gracias por tu regalo ¡Me encanta! ¿Cómo sabías que era mi grupo favorito? Estoy seguro de que me lo pasaré de muerte...*
> *Ya te enseñaré las fotos y te lo contaré todo con detalle.*
>
> > *Besos,*
> > *John*

PARA EMPEZAR

I. ¿Sabes lo que es una instancia? ¿Alguna vez has escrito una?

PISTA 20

A. ◀ Si no lo sabes, escucha la audición y completa la definición con las palabras que faltan.

> **LA INSTANCIA**
>
> Es un _escrito_ con un _formato estándar_ que se envía a un organismo _oficial_ o una entidad _privada_ o persona _de rango superior_ para realizar una _petición_ o _reclamación_. En él, _se aporta_ información personal o sobre determinadas circunstancias.

B. Juan Luis quiere hacer unas reformas en su piso. Tiene que pedir el permiso de obras al Ayuntamiento y, para ello, ha escrito esta instancia dirigida al Concejal de Urbanismo.

> Juan Luis Gutiérrez Gutiérrez, natural de Lepe, provincia de Huelva, nacido el 6 de septiembre de 1969, con domicilio actual en Jerez de la Frontera (Cádiz), Calle Catavinos, nº 28 C.P. 287659, con D.N.I. 666999666, respetuosamente,
>
> **EXPONE:**
> **Que** desea hacer una reforma en el piso donde vive, consistente en la instalación de una cocina nueva y en la renovación de la fontanería del cuarto de baño. Por todo lo cual,
>
> **SOLICITA:**
> **Que** tras los trámites oportunos, le sea concedida la licencia de obras correspondiente para iniciar dichas reformas.
>
> Fdo.: Juan Luis Gutiérrez
>
> Jerez de la Frontera, 26 de enero de 2012
>
> ILMO. SR. CONCEJAL DE URBANISMO DEL AYUNTAMIENTO DE JEREZ

Sara ha escrito esta instancia para que la admitan en un curso intensivo de español, aunque ya ha terminado el plazo de matrícula. Te la ha enviado a tu correo electrónico para que le corrijas los errores. ¿Puedes ayudarla?

Para:	sarar@uca.es
Asunto:	¡Ayúdame! Instancia
Enviado:	15/3/2012

Hola:

¿Qué tal estás? Por favor, necesito tu ayuda ahora mismo… ¿Me podrías corregir esta instancia? La he escrito para que me admitan en un curso de español fuera de plazo.

Muchas gracias. Te llamo y nos vemos,

Sara

Instancia

~~con~~
~~domicilio~~
~~actual~~

Sara Sjostrōm, natural de Estocolmo (Suecia), nacida el 1 de agosto de 1980, ~~vivo en~~ Madrid, C/ Fuencarral, nº 7, C.P. 58234, con nº D.N.I / Pasaporte 7867965, ~~con afecto,~~

~~respetuosamente~~

expone   que desea

EXPONGO: ~~quiero~~ hacer el curso intensivo (febrero-marzo) cuyo plazo de matrícula ha terminado, por lo cual,

solicita   que

SOLICITO: ~~me~~ *le* sea concedido el permiso para hacer dicho curso.

Fdo.: Sara Sjostrōm

firma

Madrid, 5 de febrero de 2012

Sra

~~Dª~~ DIRECTORA CURSOS DE ESPAÑOL UNIVERSIDAD DE MADRID

3. Ahora te toca a ti. Te damos dos situaciones, escribe la instancia correspondiente a cada una de ellas. Te ofrecemos los datos que necesitas en estas tarjetas:

A
- Dirigida a la Dirección General de Tráfico
- Multa por exceso de velocidad
- Devolución dinero
- Conducción rápida por llevar amigo a urgencias
- Justificante del Hospital

B
- Dirigida al director escuela español
- Para permiso de residencia necesitas demostrar que estudias en España
- Trámite rápido
- Permiso de residencia — urgente

UN POQUITO MÁS

4. Otro tipo de documento que te podrá ser útil es la **hoja de reclamaciones.** Es un documento oficial en el que puedes expresar tus quejas tanto contra un establecimiento *(supermercado, tienda de ropa, zapatería, centro comercial, bar...)* como contra una empresa *(compañía aérea, telefónica...).*

Dónde se puede exigir	Procedimiento de uso
En todos los establecimientos o centros que comercializan productos o prestan servicios.	• Exigírsela al establecimiento si hay un motivo de queja. • Rellenarla y guardar una copia. • Si no hay respuesta o solución satisfactoria, se puede acudir a la Asociación de Consumidores.

A. En plenaria, pensad en algún problema por el que hayáis tenido que presentar una queja o reclamación. Si no recordáis ninguno, os sugerimos estos. ¡Ojo!, tienen un toque divertido:

▶ *Vuestro teléfono tiene interferencias y escucháis las conversaciones de todos los vecinos.*

▶ *En una cafetería, os han cobrado dos euros más por ser extranjeros.*

▶ *Habéis comprado unos zapatos y se han roto minutos después de que os los hayáis puesto por primera vez.*

▶ *Os alojáis en la habitación más lujosa de un hotel pero el olor de las tuberías es insoportable.*

B. En pequeños grupos, elegid uno de los problemas y escribid la reclamación. Usad el formato que os ofrecemos. Finalmente, leed todas las reclamaciones en voz alta.

HOJA DE RECLAMACIONES

1. Lugar del hecho:
En _____ Provincia _____ Fecha _____

2. Identificación del reclamante:
Datos personales _____
D.N.I. / Pasaporte _____ Domicilio _____
Nacionalidad _____ Teléfono _____

3. Identificación del reclamado:
Datos personales _____
D.N.I. / Pasaporte _____ Domicilio _____
Nacionalidad _____ Teléfono _____
4. Hechos reclamados

5. Documentos que se acompañan

6. Firmas
   Consumidor   Reclamado

---

5. Aunque los españoles no solemos hacer demasiadas reclamaciones, hay algunos casos en los que son inevitables. Lee el texto y averiguarás qué sectores o servicios suelen recibir más quejas.

> *De las reclamaciones tramitadas por las Asociaciones de Consumidores:*
> ✓ *24,3% estaban relacionadas con las compañías de telecomunicaciones.*
> ✓ *12,1% con los defectos de fabricación de los coches.*
> ✓ *10,5% con la vivienda (entrega, calidad de los materiales…)*
> ✓ *51,3% restante con el calzado, vestido, compra y reparación de electrodomésticos, seguros y planes de pensiones.*
>
> *FACUA*
> *Federación de Consumidores en Acción*

En gran grupo, comentad si en vuestros países la gente reclama normalmente y cuáles son las principales causas de esas quejas.

PARA EMPEZAR

I. Todos hemos tenido que presentar en algún momento nuestro currículo. ¿Qué aspectos se deben tener en cuenta? En gran grupo, con vuestros conocimientos previos, señalad si estas afirmaciones son acertadas o no. Justificad vuestra elección.

	SÍ	NO	¿?
1. La extensión del CV es libre, dependerá de la información que queramos incluir en él. *1-2 pages*	✓	✓	
2. Si la experiencia profesional es breve, debemos mencionar los períodos de prácticas relacionados con el puesto al que se aspira.	✓		
3. Es conveniente incluir datos que, aunque no sean totalmente ciertos, nos ayuden a acercarnos más al perfil que se busca.		✓	
4. Se recomienda justificar las interrupciones en los estudios o en la carrera profesional.	✓		
5. Según el nuevo modelo de CV del Consejo de Europa, habría que incluir todas las competencias (sociales, artísticas, organizativas...) tengan o no relación con la candidatura a la que nos presentamos.		✓	
6. El CV no debe firmarse nunca.	✓		
7. En el CV tan importante es el contenido como la forma (estructura, presentación, ortografía, limpieza, claridad, coherencia...)	✓		
8. Un buen conocimiento de la empresa en la que se presenta el currículo nos ayudará a ajustarlo al perfil que se está buscando.	✓		

AHORA, ¡A ESCRIBIR!

2. Elabora el CV de tu compañero. Para ello:

A. Prepara una batería de preguntas relacionadas con *sus datos personales, profesionales, académicos, sus competencias...*

Ejemplos:
- *¿Cuándo te licenciaste?*
- *¿Eres capaz de organizar trabajos en grupo?*

■ *¿En qué has trabajado?*

■ *¿Tienes referencias?*

■ *¿Eres capaz de leer el periódico en español sin muchos problemas?*

B. Con la información que has obtenido, escribe el currículo teniendo en cuenta lo siguiente:

1. Información personal:

Nombre y apellidos:

Lugar y fecha de nacimiento:

Nacionalidad:

Situación familiar:

Dirección actual:

Teléfonos de contacto:

Foto

2. Educación y formación:

Estudios secundarios: . Bachillerato en el

19... -19...   Instituto...

Estudios universitarios: . Universidad de...

19...-19...

19...-19...   . Diplomado...

19...-19...   . Licenciado...

19...-19...   . Doctorado...

Otras titulaciones: . Escuela de idiomas,

19...   título de...

Diplomas o certificados: . Departamento de...

19...   . Diploma / Certificado

19...

de...

3. Formación complementaria:

Conocimientos de idiomas:

Becas:

Informática:

Otros estudios que se consideren de interés

(máster, cursos...):

4. Experiencia profesional (o laboral):

Junio – agosto de 19...

19...   Camarero...

19... - 19...   Prácticas en...

19... - 19...   Profesor en...

                               Encargado...

5. Capacidades y competencias personales:

6. Otras informaciones (personas de contacto, referencias...)

MUY IMPORTANTE

● Incluir competencias sociales, organizativas, técnicas, artísticas...

● En los idiomas incluir autoevaluación de las destrezas (comprender, hablar y escribir) según el Marco Común Europeo de Referencia (MCER) elaborado por el Consejo de Europa.

● Es conveniente ordenar los datos relacionados con la experiencia laboral por orden cronológico, de las actividades o trabajos más recientes a los más remotos, o viceversa.

Para cualquier duda relacionada con la elaboración del CV, puedes consultar:

http://europass.cededfop.eu.int

3.

www.buencurro.es

BUSCADOR DE OFERTAS

Categoria	(seleccionar) ⬍
Provincia	(seleccionar) ⬍ encuentra
Palabra	[ ] **Buscador avanzado**

Empresa	Puesto vacante	Localidad
PRODUCTORA NACIONAL PACAFILMS	Necesita actores / actrices con experiencia en diferentes ámbitos de la interpretación. Necesarias dotes artísticas y musicales. Conocimiento de idiomas para proyecto en el extranjero. Imprescindible mayor de 20 años. Se valorará formación académica. Interesados enviar CV a Avda. Las Palomas 12, 80080 Madrid.	Madrid

En pequeños grupos, escribid el currículo que enviaría a la productora para conseguir e trabajo. Para ayudaros, Jorge os cuenta algunos datos de su vida.

Me llamo Jorge Cluny y nací en 1978 en Marbella, Málaga.

Ahora vivo en Madrid, en la calle LA FAMA, n.º 14, 3º izda. Desde muy joven me encantaba todo lo que tenía que ver con la interpretación, el cine, el teatro... En 2001 empecé arte dramático en la Universidad de mi ciudad. Después de terminar la carrera, hice algunos cursos de especialización: *dicción, teatro contemporáneo, lenguaje corporal...* ¡Vaya! ¡Un montón! Empecé a trabajar en pequeños papelitos de teatro, pero la primera vez que me di a conocer fue gracias a la publicidad. Hice un anuncio de sopas. Todavía lo recuerdo: *Sopas NOR ¡Ay, qué ricas son!* Y después...

II PORTFOLIO

. ¿Conocéis el Portfolio Europeo de las Lenguas? Maite, profesora de español en El Cairo, os lo presenta:

> Es un documento promovido por el Consejo de Europa donde informamos sobre nuestras capacidades lingüísticas, con una escala de niveles común para toda Europa.
>
> Se compone de:
>
> **a. Pasaporte de lenguas:** recoge una tabla que descubre el nivel de competencia en cada una de las destrezas (lectura, escritura...).
>
> **b. Biografía lingüística:** se describen las experiencias con cada una de las lenguas.
>
> **c. Dossier:** contiene diplomas, certificados, trabajos escritos, vídeos, grabaciones en audio...

A. ¿Quieres saber las capacidades y competencias de tu compañero/a en español? Pregúntale y marca sus respuestas. Después intercambiad los papeles:

	SIN PROBLEMAS	CON ALGUNOS PROBLEMAS	CON MUCHOS PROBLEMAS	SOY INCAPAZ
1. Cuando ves las noticias en la televisión, ¿eres capaz de comprenderlas prácticamente en su totalidad?				
2. ¿Puedes leer y comprender artículos de opinión?				
3. ¿Puedes participar con fluidez en una conversación normal entre españoles?				
4. ¿Sabes dar tu opinión sobre un tema exponiendo sus ventajas e inconvenientes?				
5. ¿Eres capaz de escribir textos claros y detallados sobre diferentes temas?				
6. ¿Puedes escribir cartas que presenten determinados hechos y experiencias?				
7. ¿Eres capaz de comprender textos literarios contemporáneos?				
8. ¿Sabes escribir informes o redacciones sobre temas complejos?				
9. ¿Puedes elegir el estilo adecuado para los lectores a los que escribes?				
10. ¿Comprendes fácilmente, sin mucho esfuerzo, las películas?				
Otras preguntas				

Podéis añadir otras preguntas que consideréis necesarias.

B. Con la información obtenida, escribe un informe sobre las capacidades de tu compañero/a.

Ejemplo: *Mi compañero comprende todas las películas sin ningún problema...*

5. En gran grupo comentad cuáles son vuestras principales dificultades en español y, entre todos, propondréis soluciones. Así tomaréis conciencia de lo que habéis aprendido y de lo que deberíais mejorar.

29 ¿K TAL STA?

ACLARACIÓN DE LAS PARTES QUE NO SE ENTIENDEN EN DIFERENTES TIPOS DE TEXTOS: MENSAJES DE MÓVILES, PROSPECTOS, CONTRATOS DE ALQUILER DE COCHES

PARA EMPEZAR

I. Thelma y Louissa están de vacaciones en España y quieren alquilar un coche para visitar algunas ciudades...

A. Tienen un problema y te han escrito un correo electrónico para que las ayudes.

Para:	miguelon@hoti.com
Asunto:	Alquiler coche
Enviado:	16 de marzo

Hola, Miguel:

¿Qué tal? Te escribimos porque necesitamos tu ayuda urgentemente. Ya te contamos que queríamos alquilar un coche para conocer el Norte de España. Hemos buscado la información en Internet pero estamos hechas un lío porque hay algunas cosas que no entendemos. ¿Nos echas una mano? Te enviamos un documento adjunto con las características del coche que nos ha gustado más y las condiciones generales del contrato de alquiler. Hemos marcado todo lo que no comprendemos. Por favor, respóndenos lo antes posible.

Muchas gracias,

Besos de Thelma y Louissa.

Condiciones generales para el alquiler del vehículo

Tarifa «Todo incluido» – Alquiler de vehículo, seguro de responsabilidad, seguro a todo riesgo, seguro personal y kilometraje ilimitado.

Seguro a todo riesgo – Cubre los daños sufridos en el vehículo alquilado: accidente, robo o incendio. Conforme a lo estipulado en la tarifa oficial y contrato de alquiler. (Ej.: No incluye los daños causados cuando se conduzca bajo sustancias que afecten al conductor, la pérdida de neumáticos...)

Entrega y recogida gratuitas – Sin coste

Si se entrega el vehículo fuera del plazo acordado, se deberá abonar un día completo.

El cliente devolverá el vehículo con el depósito de combustible lleno, de lo contrario deberá abonar la diferencia con recargo.

Suplementos no incluidos: Silla de niño. Cadenas para nieve. Mandos adaptados. La empresa no se hace responsable de los daños o pérdidas de objetos.

Las multas de tráfico corren a cargo del cliente.

CARACTERÍSTICAS DEL VEHÍCULO

OPEN MORSA

Vehículo de 5 puertas. Versión diesel y gasolina. Con una imagen juvenil y dinámica. Airbag. Elevalunas eléctrico. AA / CC, radio y GPS.

B. En parejas, poneos en el lugar de Miguel y escribidles a Thelma y Louissa un correo electrónico explicándoles todo lo que no han entendido. Podéis ayudaros consultando el diccionario o preguntando a vuestros compañeros.

Para:	thelmar@yar.es
Asunto:	Alquiler coche
Enviado:	16 de marzo

¡Hola, chicas!: No os preocupéis… Os explico todo lo que no entendíais del contrato…

En cuanto al coche,

Eso es todo; estoy a vuestra disposición por si necesitáis algo más. Adios, guapas.

AHORA, ¡A ESCRIBIR!

. Thelma y Louissa ya tienen su coche y están de viaje, pero no se encuentran muy bien; con los cambios de temperatura se han resfriado.

A. Han comprado un antigripal en una farmacia y no entienden bien las indicaciones del prospecto.

PARASTORNUDOX®
Complex

PROPIEDADES
Es un producto para el tratamiento sintomático de la gripe y el resfriado común. Reduce la fiebre y alivia el dolor. Es un antitusivo eficaz que ayuda a reducir la mucosidad y los estornudos.

DOSIFICACIÓN Y ADMINISTRACIÓN
Disolver el contenido de un sobre en medio vaso de agua. La dosis para adultos es de un sobre cada 6 u 8 horas. La medicación debe iniciarse al aparecer los primeros síntomas. A medida que estos desaparezcan debe suspenderse esta medicación.

CONTRAINDICACIONES
Enfermedades hepáticas. Insuficiencia respiratoria y tos asmática.

PRECAUCIONES
Los pacientes no deben ocuparse en actividades que requieran alerta mental, como la conducción de automóviles o el manejo de maquinaria, ya que puede producirse somnolencia. No administrar si está en tratamiento con medicamentos antidepresivos.

ADVERTENCIAS
No ingerir bebidas alcohólicas durante el tratamiento, ya que pueden aumentar la somnolencia.

IMPORTANTE PARA LA MUJER
No está recomendado durante el embarazo y tampoco en el tiempo de lactancia.

Los medicamentos deben mantenerse fuera del alcance de los niños.

CABELLO FARMACIA, S. L.

B. Vuelven a la farmacia. Ahora tú eres el farmacéutico y les vas a escribir de forma senc
lla los datos esenciales que necesitan saber del medicamento. Puedes pedir ayuda a tu
compañeros o a tu profesor. Usa las siguientes expresiones y fórmulas:

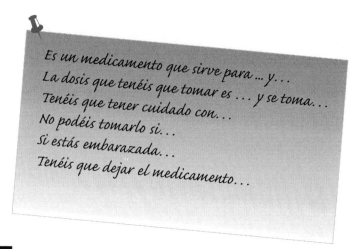

Es un medicamento que sirve para ... y ...
La dosis que tenéis que tomar es ... y se toma...
Tenéis que tener cuidado con...
No podéis tomarlo si...
Si estás embarazada...
Tenéis que dejar el medicamento...

UN POQUITO MÁS

3. *¡Hi, qh? Slmos?* ¿Lo entendéis? Aunque no lo parezca esto es «español», el español de lo
SMS...

A. Habéis recibido estos SMS. Entre todos, ¿podéis descubrir qué dicen? Uno de vosotro
puede reescribirlos en la pizarra.

TBO STA NOCHE
DND SPRE...

ST FIND FSTA EN
M KSA...

TQ MUCHO. 1 BSZO,
KRÑO...

L KLAS 1 RLL...

B. ¿Eres capaz de enviar SMS como estos? Vamos a comprobarlo.
  ▶ Escribe un mensaje al móvil de uno de tus compañeros/as, usando el lenguaje SMS
    (puedes crear nuevas palabras).
  ▶ Si recibes algún mensaje, escríbelo junto a tu interpretación en la pizarra.
  ▶ Con todas las nuevas palabras que habéis creado o aprendido, haced un mural para la
    clase. Así compartiréis un mismo código a la hora de comunicaros a través del móvil.

```
┌─────────────────────────────┐
│  ┌───────────────────────┐  │
│  │ EL CÓDIGO SMS DE LA CLASE │
│  │                       │  │
│  │ Para saber más:       │  │
│  │ http://www.webmvilqsm.│  │
│  │ com/sms/diccionario.htm│ │
│  │                       │  │
│  └───────────────────────┘  │
│            ▼ ▼ ▼            │
└─────────────────────────────┘
```

YO CHATEO, TÚ CHATEAS, ÉL CHATEA...

Las abreviaturas, los símbolos y los signos forman parte de un nuevo lenguaje en el mundo del chat, correo electrónico, etc. Este lenguaje creado en su mayoría por jóvenes es una realidad que va a influir en la evolución de la lengua y en la gramática. Al chat de ENCLAVE-ELE han escrito algunos internautas para dar su opinión sobre este fenómeno lingüístico:

Andrés: Pienso que este lenguaje es genial, te ayuda a simplificar palabras y además te entiendes mejor con tus amigos. No creo que esto sea un atentado contra el lenguaje, al contrario, creo que se está generando una innovación muy interesante.

Jaime: Para los profesores como yo, este nuevo lenguaje puede ser un instrumento para abrir canales de comunicación con los estudiantes... No entenderlo empieza a convertirse en una barrera generacional con mis alumnos.

Alicia: A mí me encanta porque es divertido y no se te cansan las manos de tanto escribir. Además, la gracia es que si uno no entiende una palabra hay que tratar de descubrirla; es una molestia escribir todo el tiempo, chateando uno se anima a decir más cosas.

Ángel: Creo que las razones de uso de este nuevo lenguaje van más allá del tiempo y el dinero. Tiene que ver con una necesidad de crear un universo propio, único, donde los adultos no tengamos acceso y que incluso podría llegar a enriquecer la comunicación, porque aunque sea de esta manera, los jóvenes están conversando y eso siempre es una buena señal.

Carmelo: Por el hecho de que el ciberespacio esté lleno de ignorantes, ¿vamos a proponer la ignorancia como nueva regla para todos? La cuestión central, en mi opinión, está en el creciente desconocimiento de reglas ortográficas y hasta sintácticas que impera en las comunicaciones actuales.

Rosario: Me preocupa que los buscadores virtuales reemplacen al diccionario por otros «buscadores» en Red. No solo se ha alterado la manera de buscar información, también se ha alterado la escritura, la lectura e incluso se han creado nuevos modos de relación interpersonal.

¿Y tú? ¿Qué opinas de este nuevo lenguaje de signos y símbolos: es práctico y funcional o simplemente es un atentado contra el lenguaje? Coméntalo con tus compañeros y analiza las opiniones de los internautas anteriores.

PARA EMPEZAR

I. Sería muy difícil entender el mundo actual sin la publicidad... Si pensamos un poquito, seguro que nos vienen a la cabeza muchísimas campañas publicitarias humorísticas, origi nales, sorprendentes... Y vosotros, ¿recordáis alguna? Coméntalo en gran grupo.

> Ej.: *Recuerdo una de las campañas de la Dirección General de Tráfico... Me pareció muy impactan te. Se veían coches y motos destrozados, gente herida, muertos... Eran accidentes reales. Cada vez que aparecía la campaña en televisión, me impresionaba muchísimo y tenía que mirar para otro lado...*

2. Estos son algunos eslóganes publicitarios. En parejas, pensad qué productos anuncian. Razonad y argumentad vuestras respuestas.

ESLÓGANES	Producto que se anuncia
NI UN PELO DE TONTO	*Pensamos que podría anunciar... ya que...*
VERÁS LA VIDA DE OTRO COLOR	
EL RASCAR SE VA A ACABAR	
LA SALSA DE LA VIDA	
NO PODRÁS DORMIR SIN ÉL	
TUS MEJORES SUEÑOS SE HARÁN REALIDAD...	
SUÉLTATE EL PELO	
PORCIONES DE PLACER	
MIDE TU TIEMPO	
VOLVERÁS A NACER	

Eres un famoso publicista y estos días estás en Madrid asistiendo a una charla sobre la publicidad en España. Te han presentado los folletos de algunas campañas y se los vas a enviar a tu jefe junto con una explicación detallada de los mismos, porque él no habla muy bien español.

TEN EN CUENTA ESTOS ASPECTOS:

Qué producto se publicita
Características del producto
Eslogan y explicación del mismo
Tipo de público al que va dirigido
Otros datos de interés

■ Bla, bla, bla, bla, bla,...
☐ Sí mamá, estoy muy bien...
■ Bla, bla, bla, bla, bla,...
☐ Que sí, que he comido bien, tranquila...
■ Bla, bla, bla, bla, bla,...
☐ No, no hace falta que vengas, yo te llamo...
■ Bla, bla, bla, bla, bla,...
☐ No te preocupes, si esto no cuesta nada...
■ Bla, bla, bla, bla, bla,...
☐ Sí, las 24 horas y los fines de semana...
■ Bla, bla, bla, bla, bla,...
☐ Bueno, que ya te llamo mañana por la noche. ¿Quieres decirme algo más?
■ Bla, bla, bla, bla, bla,...
☐ Vale, un beso mami...
■ Bla, bla, bla, bla, bla,...

HABLAX

¡PALABRAS A 0 CÉNTIMOS!

Ahora con Hablax, llamadas locales y nacionales GRATIS.
Solo pagarás tu conexión a Internet.

PISTA 21

4. A la charla ha asistido un compañero que tiene dificultades para entender el español hablado. Os han presentado algunos anuncios radiofónicos.

PISTA 21

A. ◀ Este es uno de ellos, escúchalo y apunta todo lo que entiendas:

_____

_____

_____

_____

_____

B. En parejas imaginad que tenéis que explicarle por escrito el anuncio a ese compañero.
Tened en cuenta lo siguiente:

 ▶ *Se anuncia un producto llamado…*
 ▶ *Se recomienda cuando…*
 ▶ *Algunas de las cualidades son…*
 ▶ *El eslogan del producto es… Significa que…*

5. Has recibido en tu correo electrónico esta nueva campaña publicitaria:

Para:	publimax@uta.es
Asunto:	Nueva campaña publicitaria
Enviado:	16 de marzo

¿QUIERES SER DE LA *GENERACIÓN «EX»*?

Ex - madrugador
Ex - hipotecado
Ex - estresado
Ex - trabajador
Ex - enfadado
Ex - cansado
Ex - ahorrador

A. Piensa qué es lo que se anuncia. No olvides justificar y argumentar tu elección.

Ej.: *Yo creo que se está anunciando un coche porque…*

B. En plenaria, compara tu interpretación con la de tus compañeros.
Ej.:
– *Está muy claro… se está anunciando una empresa de autobuses porque…*
– **No creo que eso sea así / Por el contrario,** / *se trata de la publicidad de un nuevo colchón ergonómico que previene molestias en la espalda…*
– **Sí, puede ser pero, bien mirado no creo que** *sea un colchón porque no dice nada de que puedas dormir mejor.* **Será más bien…**

PISTA 22

C. ◀ Comprobad vuestras respuestas escuchando la audición.

UN POQUITO MÁS

·OMOS PUBLICISTAS

. En pequeños grupos, vais a diseñar una campaña publicitaria televisiva impactante para uno de estos productos imposibles:

Un bolígrafo que hace por sí mismo todos los deberes de español
Un coche plegable
Un líquido para cambiar el color de los ojos
Unas píldoras que te hacen irresistiblemente seductor/a
Una máquina que prepara la comida y crea sus propios condimentos
Otros productos

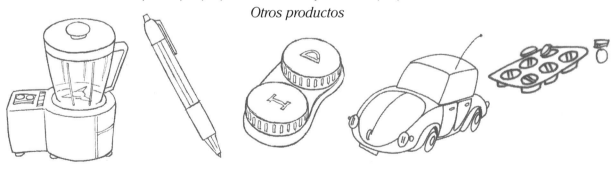

A. Para diseñar vuestra campaña, no olvidéis estos elementos:

Eslogan – Música – Público al que va dirigido el anuncio – Escenario – Personajes – Texto – Formato

B. Después de diseñarla, presentadla en plenaria.

1. Deportes. 2. Nacional. 3. Internacional. 4. Meteorología. 5. Sociedad. 6. Política. 7. Anuncios. 8. Horóscopo. 9. Cartelera. 10. Necrológicas

Música: 13:30 / ciclo / Solfa / Kepasa / aires / actual.

Artes escénicas: compañía / estrena / clásico / mito / pirsin / tatuajes / vaqueros / rompecorazones.

Restaurantes: fusión / casco antiguo / Decorado / minimalista / ambiente / sabores / velada / atractivos / pinchan / DJ'S.

Exposición: Galería / Goya / peonza / videojuego / horario / ininterrumpidamente / 943 21 56 79.

Discoteca: Pechá / 23 horas / internacional / podrá / disfrutar / pistas / pareja / descuento / consumición / copas.

Cine: pantallas / *"Pagafantas"* / comedia / te quiero / amigo / suerte / Risas / diversión.

2. ¡A ESTUDIAR!

A. 1. La escuela ofrece dos tipos de cursos, intensivos con cinco horas diarias de clase durante un mes, y otros con cuatro horas que duran cuatro meses. 2. Es posible que se quede seis o siete meses. 3. Incluye fiestas, excursiones y visitas a los monumentos importantes de la ciudad. 4. No, son clases pequeñas. El número máximo es de doce alumnos porque prefieren la atención personalizada al estudiante.

C. 1. Me gustaría que me informaran… 2. Muchas gracias. Muy amable… / Muchas gracias, es usted muy amable… / No hay de qué, para eso estamos… 3. No lo sé, es posible que… 4. Vale… / De acuerdo… / Muy bien… / Ah, muy bien… / Ajá, perfecto… 5. ¿En qué puedo ayudarle? / Si tienes algún problema, no dudes en llamarme.

Normas del centro

Norma 1: En los exámenes no se puede usar el diccionario, ni siquiera si estás en el nivel inicial.

Norma 2: No se puede fumar en clase ni tampoco en el centro.

Norma 3: No está bien visto comer en clase.

Norma 4: No es una costumbre en España quitarse los zapatos. No es normal andar descalzo.

Norma 5: No es obligatorio apagar el móvil. Se debe tener en silencio.

Norma 6: Es muy habitual tutear a los profesores.

1. La finalidad del programa Erasmus es impulsar la integración europea a través de la educación, apoyar la movilidad y el conocimiento, crear poco a poco una ciudadanía continental. Pueden disfrutar de estas becas, universitarios y alumnos de escuelas de arte o conservatorios.

2. Los franceses han buscado piso por Internet, los italianos por el boca a boca y Cecile por la amiga de la hija de un cliente de su padre.

3. No, la dotación económica no es suficiente. Marina, por ejemplo, recibía unos 60 euros mensuales, cantidad que era ingresada en su mayor parte cuando ya estaba de vuelta en casa.

4. Sí, se consideran unos privilegiados. Pueden disfrutar del privilegio de vivir en otras culturas; sin Erasmus no serían las personas que son ahora.

I.

	TRABAJOS FÍSICOS	TRABAJOS INTELECTUALES	AMBOS
Conserje			✓
Masajista	✓		
Vigilante	✓		
Maquillador/a	✓		
Gerente		✓	
Locutor/a		✓	
Topógrafo/a			✓
Canguro	✓		
Sastre/costurera	✓		
Ama/o de casa	✓		

3. **A.**

   1. El trabajo de los jóvenes. **En el diálogo se dice:** "Aunque ahora mi hijo se ha quedado sin trabajo y esta mos un poco preocupados…".

   2. Contratos laborales. **En el diálogo se dice:** "Le habían hecho un contrato de seis meses y después…¡a l calle!…".

   3. Trabajo y estudios. **En el diálogo se dice:** "…Yo se lo decía, que estudiara, que era mejor tener un títul que no tenerlo…".

   4. Contactos. **En el diálogo se dice:** "…Tengo un amigo que a lo mejor te puede echar un cable…".

4. 1. Preguntar al candidato sobre sus aficiones y actividades en el tiempo libre. 3. Hablar sobre otras expe riencias laborales. 4. Agradecer su presencia al candidato. 8. Preguntar sobre cuestiones del currículo. 9 Explicar en qué consiste el trabajo.

6. **1.** Ambiente laboral.
   2. Desempleo juvenil.
   3. Discriminación salarial.
   4. Mujeres directivas.

3. **A.**

   La abuela es la que posee un recuerdo más feliz porque su familia no tenía muchos lujos pero, iban tirando La abuela sí pudo ir a la escuela.

B.

1. No. "Trabajaba de sol a sol…".

2. Sí. "En mi familia éramos muchos…".

3. No. Se acuerda de que: "…había trabajado en el campo, en una granja…".

4. Sí. "Apenas fui a la escuela…".

5. Sí. "Lo necesario para aprender *cuatro números y cuatro letras*…". Con esta expresión el abuelo Manuel quiere decir que aprendió muy poco.

C.

Su familia: Era una familia sin grandes lujos, pero iban tirando. Su padre era médico y su madre ama de casa. Sus hermanos y ella sí pudieron ir a la escuela.

La escuela: Pudo ir a la escuela. Recuerda que en la escuela no podía decir nada ("no podía decir ni mu…") y lo que el profesor decía "iba a misa".

Los juegos: Durante los recreos jugaba a la comba y al escondite.

La comida: Recuerda muy bien lo que le daba su madre para merendar: "el olor de esa onza de chocolate…". Siempre le sabía a poco.

Muerte de Franco: 20 de noviembre de 1975. **Primeras elecciones democráticas:** 15 de junio de 1977. **Exposición Universal de Sevilla:** de abril a octubre de 1992. **Entrada del euro:** 1 de enero de 2002. **Ley del divorcio:** julio de 1981. **Almodóvar gana el Óscar por *Todo sobre mi madre*:** marzo de 1998.

A.

Recomendaciones no acertadas: 2, 4 y 6.

B.

Recomendaciones correctas:

2. No te obsesiones con entenderlo todo. Si no lo entiendes todo, no significa que no hayas aprendido nada.

4. No debes comprender todos los diálogos de una película. Solo es necesario que entiendas la información más importante.

6. No será esencial comprender la mayor parte de las palabras de una canción.

5. Mis virtudes y defectos   **EXPRESIÓN ORAL**

VIRTUDES: creativo, de fiar, con talento, sereno, con sentido común, cálido, comprensivo, con afán de superación. **DEFECTOS:** creído, quejita, repipi, apático, puntilloso, despistado, de armas tomar, flojo, chulo, con carácter.

¿Quiénes hablan?

1. Habla un chico joven, un adolescente. **2.** Hablan padre e hijo. **3.** Dos chicas. **4.** Pareja de hombre y mujer. **5.** Jefe y empleado. **6.** Dos compañeros de trabajo. **7.** Dos amigos. **8.** Hombre. **9.** Dos mujeres.

¿De qué hablan?

1. Las asignaturas de clase: matemáticas e idiomas. **2.** El hijo quiere que su padre le preste el coche. El padre no quiere. **3.** Una chica le enseña el pantalón nuevo que se ha comprado a su amiga. **4.** Unos padres escuchan llorar a su bebé. **5.** Jefe y empleado hablan sobre el trato a los clientes. **6.** Hablan de su nuevo compañero de trabajo. **7.** Una nueva película española dedicada al mundo del boxeo. **8.** Situación grave de la empresa donde trabaja. **9.** Los chistes verdes.

Expresiones con SER o ESTAR

1. Ser malo. **2.** Ser listo. **3.** Ser negro. **4.** Estar despierto. **5.** Ser atento. **6.** Ser callado. **7.** Ser violento. **8.** Ser grave. **9.** Ser verde.

Significado

1. No tener habilidad o capacidad para algo. **2.** Ser inteligente. **3.** Ser de color negro. **4.** No dormir. **5.** Ser educado, correcto, respetuoso. **6.** Ser silencioso, no hablar demasiado. **7.** Ser brusco, impetuoso, duro. **8.** Ser serio. **9.** Ser obsceno, impúdico, indecoroso.

La expresión incorrecta es la número 4 porque en este contexto deberíamos usar ESTAR DESPIERTO: *El niño está despierto = no está dormido.*

7. ¡POR FIN VIERNES!

1. **MÚSICA:** concierto, orquesta, grupo musical, cantante, banda, piano, batería, guitarra… **CINE:** película, actor, actriz, director, estreno, versión original, drama, comedia, musical, suspense, sala de cine, acomodador, entrada… **TELEVISIÓN:** programa, presentador, periodista, informativo, documental, reportaje, debate, dibujos animados… **TEATRO:** obra, actor, actriz, director de escena, escenario, butaca, escenografía, iluminación… **DEPORTES:** fútbol, atletismo, baloncesto, esquí, golf, jugador, motociclismo, motorista… **ARTE:** pintura, cuadro, grabado, pintor, escultura, escultor, estatua, materiales… **LITERATURA:** libro, escritor, novela, poema, cuento, poeta, dramaturgo, leer, lectura… **OTRAS ACTIVIDADES DE OCIO:** hacer crucigramas, senderismo, tocar instrumentos musicales, hacer maquetas, navegar por Internet…

4. **A.**

La lengua de las mariposas

Finales del invierno de 1936. En un pequeño pueblo gallego, Moncho, un niño de ocho años con problemas de asma, se incorpora por primera vez a la escuela. Y tiene terror porque ha oído decir que los maestros pegan. El primer día de clase, huye aterrorizado y pasa la noche en el monte. Don Gregorio, el maestro que no pega, tendrá que ir en persona a buscarlo a su casa. De vuelta a la escuela, el niño es recibido con aplausos por sus compañeros. A partir de entonces comienza el aprendizaje del niño. Moncho queda fascinado por el viejo Don Gregorio y este, a su vez, comienza a sentir por el crío una simpatía especial. Sin embargo, esta paz se verá truncada en junio de 1936. La Guerra Civil estalla en España.

Mujeres al borde de un ataque de nervios

Después de varios años, Iván y Pepa, una pareja de actores de doblaje, deshace su relación, sin que él sepa que ella está embarazada. Mientras espera en vano noticias de Iván, Pepa intenta habituarse a su nueva situación. Su vida se complica aún más cuando llega a su nueva casa su amiga Candela, que huye de la policía porque esta ha detenido a su novio, un terrorista chiita y teme que la involucren a ella en el asunto. Pepa decide conocer a la actual amante de Iván, con lo que sus "nervios" van en aumento. Por si fuera poco, en su vida entra también por casualidad, Carlos, el hijo de su novio, que acude con la retrógrada novia, a ver el piso para alquilarlo. Todos se concentran en la casa, y el cruce de personajes da lugar a toda clase de situaciones divertidas.

El hijo de la novia

Rafael Belvedere vive una existencia gris, disconforme con su forma de vida pero incapaz de echar el ancla y dar un giro. Abocado únicamente a su trabajo, ha perdido de vista a su gente y sobrevive enganchado al móvil y asediado por el estrés. A sus 42 años se ha olvidado de sus ideales, vive por y para el restaurante fundado por su padre Nino, carga con un pesado divorcio, su hija Vicky crece sin que él se dé cuenta, no tiene amigos y su relación con su novia está al borde del abismo, como su propia vida.

Además, hace más de un año que no visita a su madre internada en un geriátrico con el mal de Alzehimer. Y por si todo esto fuera poco, su padre Nino que sigue queriendo a su madre tanto como el primer día, le pide que le ayude a cumplir el viejo sueño de su madre: casarse por la Iglesia.

A.

1. *La función delta* de **Rosa Montero.** "…Lucía mantiene una relación a tres bandas. Es decir, está con dos hombres al mismo tiempo, uno le da la estabilidad, tranquilidad, amistad y el otro el amor, la pasión… Se ve envuelta en un complicado triángulo amoroso".

2. *Como agua para chocolate* de **Laura Esquivel.** "… Con él vas a aprender un montón de recetas… Es la historia de Tita, la hija pequeña de una mujer viuda que vive en Méjico. Por lo visto, en esa época, tenían una tradición que obligaba a la niña más pequeña de la familia a cuidar de su madre…".

3. *El orden alfabético* de **Juan José Millás.** "… Nos presenta un mundo imaginario en el que primero los libros se van volando… empiezan a desaparecer las letras, después las palabras, de forma que no hay cómo nombrar a las cosas…".

8. ¡BUEN VIAJE!

1. Sí.

2. No. La mayoría de los españoles elige ciudades costeras para pasar sus vacaciones.

3. No. A los turistas nacionales empieza a atraerles cada vez más el turismo rural.

4. Sí.

5. No. Uno de los alojamientos preferidos por los españoles es la casa de sus familiares.

6. No. Antes disfrutábamos de unas vacaciones al año. Ahora queremos más. Hay ofertas para todos los gustos y todas las épocas.

7. No. Las agencias tradicionales siguen creciendo en número.

8. No. El coche es el medio de transporte preferido, seguido del avión que ha desbancado al autocar como segundo medio de transporte.

3. A.

San Fermín en julio. La Feria de Málaga en agosto. Las Fallas en marzo. La Tomatina en agosto.

B.

1. Marcelo: Lo peor de todo fue la caída. Desayunaron mucho después del encierro.

2. Ronald: Él y sus compañeros, ese día, faltaron a clase. Alguien lo empujó hasta un grupo de person[a]s que no conocía.

3. Shigaru: Había hecho el viaje cómodamente hasta Valencia. Conocía perfectamente la ciudad dond[e] estaba.

4. Sandra: Justo cuando llegó, empezó la fiesta.

4. A.

1. ¡Qué desastre! / maleta.

2. ¡Qué faena! / reserva.

3. ¡Díos mío! / monedero / billete.

B.

1. Bueno, mujer, ¡cálmate que no es el fin del mundo! 2. ¡No pasa nada! Tranquilízate. 3. Espera un mome[n]to, no te agobies…

Otras fórmulas: Tranquilo, seguro que no es nada… / Ten paciencia, ya verás como todo se arregla… Bueno, hay solución para todo… / No te preocupes, todo tiene solución… / Ya verás como todo va a ir mejor…

C.

¡Qué desastre! / ¡Qué faena! / ¡Dios mío! / ¡Lo que me faltaba!

Otras expresiones: ¡Vaya hombre! / ¡No puede ser! / ¡Ahora sí que la hemos hecho buena! / ¡Ay, madre mía!.

9. ¡CONÉCTATE!

1.

A.

Pinchar: instalar una pieza en el ordenador. En la Red, abrir una página o vínculo determinado.

Teclado inalámbrico: conjunto de teclas para accionar o poner en funcionamiento un mecanismo del ordenador que funciona sin cables.

Foro: espacio virtual creado en Internet donde los usuarios pueden enviar y contestar mensajes.

Página web: documento electrónico que contiene información específica de un tema particular y que es almacenado en Internet.

Contraseña: seña secreta que permite el acceso a determinados lugares de la Red.

Red social: espacio de Internet en el que se genera interacción social (con otras personas, grupos de personas, entidades, empresas...) a través de identidades digitales (usuarios).

Tableta: es un tipo de ordenador portátil de mayor tamaño que un teléfono inteligente y que posee una pantalla táctil (sencilla o multitáctil) con la que se interactúa primariamente con los dedos, sin necesidad de un teclado físico ni de un ratón.

Blog: es un sitio web periódicamente actualizado que recopila textos o artículos de uno o varios autores, apareciendo primero el más reciente, donde el autor conserva siempre la libertad de dejar publicado lo que crea pertinente.

Buscador: es un sistema de aplicación informática que permite buscar términos y palabras clave a partir de archivos almacenados en sitios *web*.

A.

Chorrada: tontería.

Liarse con: tener una relación amorosa pasajera con alguien.

Ser un carca: tener ideas y actitudes muy tradicionales.

Estar guay: es muy bueno, estupendo, genial.

Fantasma: persona que aparenta lo que no es.

B.

Estoy de acuerdo: Pues sí... / Vale... **Otras fórmulas:** Venga, vale... / Sí, tienes razón... / Es verdad... / Claro que sí... / Por supuesto...

No estoy de acuerdo: ¡Anda! ¡Deja de decir chorradas! / A mí me da igual lo que digáis... / Ni en broma... **Otras fórmulas:** ¡Ni hablar! / Por supuesto que no... / Claro que no... / En absoluto... / De eso nada... /

Vale, pero: Puede ser, pero a mí me parece... / Bueno, Internet está guay porque... claro que siempre te puedes... **Otras fórmulas:** Ya, pero... / Bueno, pero... / Puede ser, lo que pasa es que... / No está mal, pero... / Lo veo muy bien, aunque yo...

IO. ¿TE APUNTAS...?   **INTERACCIÓN ORAL**

B.
Modelo de interacción oral.

PRIMERA LLAMADA
Ana: Sí, ¿dígame?
Tú: **Hola, soy Pedro.**
Ana: ¿Cómo estás? ¿Qué pasa?
Tú: **Es que te llamaba por lo de la fiesta de las tapas en la plaza Central... Resulta que no voy a poder ir con vosotros...**
Ana: ¡No me digas! Pero, ¿por qué?

Tú: **Porque ese día tengo mucho lío. Termino muy tarde de trabajar y, además, tengo que preparar un info me para el día siguiente… ¡Ah! Y a esa misma hora tengo una despedida de soltero… En fin, tú sabes…**

Ana: ¡Qué pena! ¡Otra vez será! Me gustaría que pudieras venir porque seguro que podremos probar plato de todo el mundo y lo pasaremos genial… De todas formas ¡que te diviertas! Y llámame cuando quieras. Tengo ganas de verte y charlar un ratito…

Tú: **Claro que sí. El lunes que viene te llamo y hablamos para ver cuándo podemos quedar…**

Ana: Venga, hasta otro día.

SEGUNDA LLAMADA

Pepe: ¿Sí?

Tú: **Hola Pepe, soy Ángel ¿qué tal?**

Pepe: ¡Hombre! ¿Cómo estamos? Me imagino que me llamabas por lo de la fiesta de disfraces, ¿vendrás?, ¿no

Tú: **Bueno, verás, te llamaba por eso precisamente… Al final no voy a poder ir… Tenía muchís mas ganas pero es que a la misma hora es la despedida de Alberto y no puedo faltar…**

Pepe: ¡Vaya, hombre! ¿Estás seguro de que no vas a cambiar de opinión?

Tú: **No, no… Alberto y yo somos amigos desde el colegio y le haría un feo si no fuera. Ademá Manolo y Joaquín tampoco van…**

Pepe: ¿Y si te pasas un ratito antes de lo de la despedida?

Tú: **No. No creo que tenga tiempo. Tengo que ir a mi casa, arreglarme, pasar a recoger a Carlos.**

Pepe: ¿No será que no quieres venir?

Tú: **No es que no quiera ir, es que si me paso antes por tu casa, llegaré tarde… Tú me conoces y nos ponemos a beber algo, a charlar y todo eso seguro que aparezco en la despedida dos hora después…**

Pepe: Vale está bien, pero la próxima vez no te escapas.

Tú: **Muy bien. Te lo prometo.**

Pepe: Nos vemos. Adiós.

TERCERA LLAMADA

Alberto: ¿Diga?

Tú: **Alberto, soy Antonio.**

Alberto: ¿Cómo andas?

Tú: **Bien, bien. Te llamaba para confirmarte que nos vemos el sábado para tu despedida.**

Alberto: ¡Qué bien! No podías faltar a mi despedida… Me alegro de que puedas venir.

Tú: **Gracias. No me la puedo perder… ¿Vendrá todo el mundo?, ¿no?**

Alberto: Creo que no va a faltar nadie. Nos lo vamos a pasar de muerte. Ya lo verás.

Tú: **Seguro. ¿Cómo quedamos?**

Alberto: Si quieres, pásate por mi casa y luego nos vamos juntos. ¿Te parece bien?

Tú: **Perfecto. Te recojo sobre las ocho y cuarto más o menos…**

Alberto: Por cierto, díselo también a Pedro si lo ves, porque no he podido ponerme en contacto con é ¿vale?

Tú: **Sí, no te preocupes, yo me encargo… Lo llamo esta misma noche por teléfono…**

Alberto: De acuerdo. Hasta el sábado.

II. ¡DIGAN LO QUE DIGAN, LOS ESPAÑOLES…!

2. **Reaccionar expresando sentimientos:** ¡Qué fuerte! / ¡Qué asco! / ¡Ah, qué interesante…! **Demostrar que se sigue la conversación:** Ya… / Claro… / ¿verdad? / ¿no?

Dar la razón: Sí, sí claro / Por supuesto / Sí, sí / Es verdad... / Tienes toda la razón...

Reaccionar con desaprobación: Uf, no estoy de acuerdo / No, de ninguna manera...

Hacer preguntas y pedir más información: ¿Hay alguna explicación? / ¿Y por qué lo hacen? / ¿Hacen algo especial? / ¿Y tú las tomaste?

Manifestar incomprensión: ¿Ah, sí? / ¡Qué extraño! / ¡No me digas!

12. ¿PODRÍA AYUDARME?

1. No te pude llamar porque no tenía saldo.

2. Siempre llamo a partir de las ocho, que tengo tarifa plana.

3. Cuando lo sepa, te haré una llamada perdida pero no contestes.

4. Dame un toque para que sepa que has llegado bien.

5. Desde aquí no te puedo llamar porque no hay cobertura.

6. Se le está acabando la batería tengo que cargarla.

13. EL LIBRO DE RECLAMACIONES, POR FAVOR...

A.

1.d. En la parada del autobús me repatea que la gente no haga cola y que entre antes que yo.

2.c. Estoy hasta las narices de que mis vecinos tengan la música tan alta hasta las tantas.

3.e. Llevo una semana sin dormir. Mi marido ronca como un león. ¡Estoy hasta la coronilla de él!.

4.b. Mis amigos hicieron una fiesta y no me invitaron, no se lo puedo perdonar. ¡Estoy que echo chispas!

5.f. Mañana tengo que volver otra vez, no es normal que para solicitar la tarjeta sanitaria tenga que dar tantas vueltas.

6.a. Este niño me saca de quicio, ¡no para de llorar en todo el día!

14. ¿ME EXPLICAS LO DEL PISO?   MEDIACIÓN ORAL

A.

1. Apartamento: conjunto de habitaciones que constituyen una vivienda independiente en una casa de varias alturas. **Ático:** último piso de un edificio y del que forma parte, a veces, una azotea.

2. Estrenar: hacer uso por primera vez de una vivienda.

3. Buhardilla: parte más alta de la casa, inmediatamente debajo del tejado, que suele destinarse a guardar objetos; aunque también puede ser habitable.

4. Sótano: pieza subterránea, a veces abovedada, entre los cimientos de un edificio.

5. Lavadora: máquina para lavar la ropa. **Lavadero:** lugar utilizado para lavar.

6. Porche: espacio cubierto que en algunas casas precede a la entrada principal.

7. Referencia: combinación de signos o números que identifican a un objeto, en este caso a una vivienda.

8. Cocina americana: cocina que se comunica con el salón a través de una ventana.

B.

Quedar: citarse con alguien.

Inquilino: persona que vive en una casa o apartamento alquilado.

Señal: dinero que se entrega antes del alquiler de un inmueble.

2. **B.**

Respuestas correctas: Blindada: a. **Extractor:** c. **Armario empotrado:** c. **Flexo:** a.

3. **A.**

Malgastar: derrochar mucho dinero.

Préstamo: dinero que presta el banco y que ha de pagarse mensualmente con un interés determinado.

Nómina: justificante del salario que se recibe por un trabajo.

Aval: persona que paga una determinada deuda en nombre de otra persona.

Letras: pago mensual que se hace al banco.

15. TE DIGO QUE ESTÁ DE MODA

2. **Chándal:** prenda deportiva que consta de una chaqueta o suéter amplios.

Pantalones piratas: pantalones cortos ajustados a la altura de la rodilla.

Lentejuelas: pequeña pieza redonda de metal u otro material que se cose a las prendas de ropa como adorno

Broche: joya más o menos preciosa, semejante al alfiler común, que se usa para sujetar exteriormente alguna pieza del traje o por adorno.

3. **Probador:** habitación con un espejo para probarse ropa.

Hace un tipito: hace una figura estilizada, un cuerpo delgado.

Son lo último de lo último: están de moda. Todas las personas los llevan.

Coger el bajo: acortar el pantalón por abajo.

Estrechar: reducir a menor anchura la cintura del pantalón.

16. LA RIQUEZA DEL ESPAÑOL   COMPRENSIÓN ESCRITA

1.A.

1. Los jóvenes estudian español por ser fundamental para trabajar.

2. Gran relevancia del español en Europa.

3. El español es la lengua de mayor proyección de futuro y el segundo idioma más hablado a nivel mundial después del chino.

4. En el ámbito económico y comercial es la lengua más hablada después del inglés.

5. El español se impone también en China porque es elegido por jóvenes que quieren dedicarse a la empresa

B.
1. Más de 500 millones.
2. 9%.
3. Se ha multiplicado por 5.

1. Falso. La variación de los eufemismos es continua.
2. Verdadero.
3. Falso. Nos pueden ayudar a sustituir algunas palabras malsonantes o hirientes por otras que no lo son.
4. Verdadero.

A.
1 F, 2 G, 3 D, 4 E, 5 H, 6 B, 7 A, 8 C.

1. Una de las posturas lo define como un español hablado con abundancia de anglicismos, la otra habla de un destrozo de ambos idiomas (español e inglés).
2. Los medios de comunicación.

A.
abrelatas, aguardiente, hazmerreír, aguafuerte, radiografía, radiofonía, salvavidas, sobrevivir, sacacorchos, telaraña, malhumor, abrelatas, bienvenida.

B.
Antideslizante, antigripal, anticristo, anticiclón, anticonstitucional, anticongelante, antiestético, antigás, antinatural, antirrobo, antítesis, anticonceptivo…
Desnatado, deshumanizado, descafeinado, descubierto, desorientado, descuidado, desatendido, desmesurado, descosido, desconocido…
Inmaduro, innato, inconsciente, inconveniente, inapropiado, insospechado, inhóspito, inquebrantable, inolvidable, incomprensible, impropio…
Subdesarrollado, subconsciente, suburbano, subversivo, subdirector, subestimar, subcampeón, subjefe…

C.
1. Afecto. **2.** Ser más sutiles, más delicados, más suaves. Afecto. **3.** Valor irónico. **4.** Desprecio. **5.** Valoración positiva de las calidades del coche. **6.** Restar importancia al tiempo de espera.

17. TODOS A COMER

La tía Teresa era una mujer encantadora. La autora recuerda cuando iba a visitarla con su vestido gris y su pelo lleno de canas. Siempre les regalaba unos caramelos color malva que venían en una pequeña caja de lata.

Menaje de cocina: bandeja, soperas de porcelana, tabla, manteles, copas de cristal.
Alimentos: café, guisados, quesos, frutas, dulces, paté de hígado con trufas, venado asado, *soufflé* de cerezas.

5. **Alimentos:** no probaba nada nuevo. No le gustaba mezclar ingredientes.
   Forma de comer: había que servirle los huevos de la tortilla española en un plato y las patatas en otro.
   Forma de aderezar los alimentos: echaba sal y picante a cucharadas en los guisos antes de probarlos.
   Sobre las bebidas: tomaba grandes vasos de ginebra con la comida.
   Sobre los postres: pensaba que los postres eran afeminados.

2. **A.**
   1. El primer fragmento se refiere a la suegra de la protagonista.
   2. El segundo al hermano de su marido, su cuñado.
   3. El tercero se refiere a sus hijos. Tiene un hijo y una hija.

   B.
   1. Su suegra piensa que Carmen no hace nada bien; que no sabe ni hacer la paella, ni lavar la ropa, ni educar a los niños… Carmen la respeta y no le replica porque es la madre de su marido.
   2. El cuñado de Carmen es un pesado. Llega a casa en el momento menos oportuno para ver el fútbol y darle más trabajo.
   3. Los hijos no colaboran nada en casa; lo único que hacen es pedirle dinero.

3. **Causas de los cambios del modelo familiar:** cambios legales y sociales.

   Diferentes estructuras familiares: matrimonios tradicionales, parejas de hecho, matrimonios homosexuales, familias monoparentales, familias compuestas, singles y familias extensas.

4. **1.** Familia monoparental. **2.** *Single.* **3.** Pareja de hecho. **4.** Familia extensa. **5.** Familia compuesta.

5. **Papel de la mujer y del hombre:** el hombre y la mujer tienen los mismos roles.
   Gustos culinarios: se come más fuera o se consumen alimentos precocinados.
   Aficiones y tiempo libre: se hacen más viajes, más conciertos, gimnasio…
   Hogar: se vive más de alquiler.
   Concepción de la pareja: creen en la caducidad de la pareja.

7. **Ser la oveja negra de la familia:** persona que en una familia o colectividad poco numerosa, difiere desfavorablemente de las demás.
   Ser el ojito de derecho de…: ser alguien de su mayor confianza y cariño.
   De tal palo, tal astilla: ser alguien parecido en algo a otra persona.
   Niño/a mimado/a: se dice de alguien a quien se le consiente todo o se le dan todos los caprichos.

19. TODOS IGUALES, TODOS DIFERENTES

A.

Elena no sabía español y no tenía donde alojarse. Tampoco tenía dinero. Tuvo que pedir prestado el dinero que le reclamaban para entrar con un visado de turista. A Javier le ocurría lo mismo que a Elena. Además, no lo contrataban en ningún sitio porque no tenía papeles.

B.

Mariana se considera una inmigrante con suerte porque, gracias a su familia y amigos, nunca le ha faltado un lugar para comer y dormir. Cruzar el charco le ayudó a salvarse del corralito, a mejorar su formación profesional y a conocer sus orígenes.

C.

Elena y Javier quieren envejecer en España.

D.

Echa muchas cosas de menos, por ejemplo, el dulce de leche.

E.

El respeto por sus tradiciones y la posibilidad de trabajar son dos de las ventajas que encuentra en su vida en España y el mayor inconveniente es el idioma.

A. Verdadero.

B. Verdadero.

C. Falso. En el texto se dice que las cosas que la hicieron quedarse fueron: la generosidad de una compatriota, no de sus compañeros de clase y la calidad humana de los profesores. No dice nada de que sus profesores la ayudaran.

D. Falso. En el texto no se dice nada de que ese inmigrante rumano sea albañil. Solo se dice que dirige una cuadrilla de albañiles.

E. Falso. Los antiguos ultramarinos eran locales donde se podía comprar casi de todo.

1.G; 2.E; 3.C; 4.A; 5.H; 6.B; 7.J; 8.I; 9.D; 10.F

20. LO INEXPLICABLE

1. Coincidencia asombrosa. "En ese mismo hospital había internado otro paciente del Cuerpo de Transporte llamado también Franz, de 19 años y aquejado igualmente de neumonía".

2. Maldición. "El coche (…) cayó sobre un mecánico y le rompió ambas piernas (…) cayó del pedestal en el que estaba y le rompió la cadera (…) Finalmente, (…) se partió en once pedazos…".

3. Aparición fantasmal. "Ve por el retrovisor que la chica a la que había arrollado estaba sentada en el últi
mo asiento…".

3. **B.**
   1. La mayoría de las personas han padecido este tipo de sueños.
   2. Las pesadillas son una llamada de atención para que solucionemos problemas de la vida real.
   3. La necesidad de cambiar tu vida, tus aspiraciones, tus objetivos también producen pesadillas.
   4. El café, el té o las bebidas alcohólicas no son recomendables si se quieren tener dulces sueños. 5. Tu
   pesadillas desaparecerán si sabes cómo controlarlas desde el mismo sueño.

   C.
   1. Hemos experimentado: hemos sufrido, hemos padecido, hemos sentido… **Provocan ansiedad:** produ
   cen angustia, provocan desazón, malestar, desasosiego…
   2. Refleja: manifiesta, muestra, presenta, descubre… **Resolver:** solucionar, remediar, enmendar…
   Conflictos: problemas, dificultades, obstáculos, contrariedades…
   3. Nos sentimos sin apoyo: nos encontramos sin ayuda, nos creemos sin socorro, auxilio, sostén, protección…

1. **A.**
   1. ¿Cómo lleva la popularidad? / Es usted una actriz muy famosa, ¿cómo le sienta eso? / ¿Cuáles son la
   ventajas e incovenientes de ser famosa? / ¿Qué tal se lleva con la fama?
   2. ¿Qué tipo de escenas le resultan más difíciles? / ¿Qué es lo más difícil de hacer en una película? / ¿Qu
   le resulta más difícil a la hora de interpretar?
   3. Dicen que es usted la nueva Penélope Cruz, ¿qué opina? / ¿Es usted la nueva Penélope Cruz? / Se dice
   que es usted la nueva Penélope Cruz, ¿qué piensa?
   4. Vive rodeada del aplauso pero, ¿qué es lo que más le importa? / ¿Qué le importa a Paz Vega? / Para Pa
   Vega, ¿qué es lo que realmente importa?
   5. Elija, ¿Sevilla o Madrid? / ¿Qué prefiere Sevilla o Madrid? / Es sevillana, pero vive en Madrid ¿qué pre
   fiere? / ¿Sevilla o Madrid?
   6. Siguiendo los pasos de Penélope Cruz, ¿le gustaría trabajar en Hollywood? / ¿Le han tentando desde la
   meca del cine? / ¿Tiene algún proyecto en Hollywood? / ¿Querría trabajar en Hollywood?

   B.
   Se cambió de nombre. Su nombre auténtico es Paz Campos. **Se convirtió en** una actriz famosa a raíz de la
   televisión. **Ha llegado a ser** la imagen de Freixenet durante su campaña de Navidad en 2003. **Se ha vuelto**
   muy casera. Prefiere quedarse en casa. **Ha cambiado de** trabajo en muchas ocasiones. Antes de **hacerse**
   actriz, había sido camarera. Aunque es de Sevilla, **se ha quedado a** vivir en Madrid. Durante una época de
   su vida, **se hizo** empresaria; montó una empresa para organizar fiestas alternativas.

4. **Reglas de acentuación de las palabras agudas:** llevan tilde cuando la sílaba tónica es la última y terminar

en vocal, -n o –s.

Reglas de acentuación de las palabras llanas: llevan tilde cuando la sílaba tónica es la penúltima y no terminan en vocal, -n o –s.

Reglas de acentuación de las palabras esdrújulas: si la sílaba tónica es la antepenúltima siempre llevan tilde.

Nació el 5 de diciembre de 1950 en San Fernando (Cádiz). Fue el sexto de una familia gitana muy humilde de ocho hijos que vivía en la Isla de León, San Fernando, a escasos kilómetros de Cádiz. Su tío Joseíco fue quien le llamó Camarón, porque además de rubio y delgado, que parecía transparente, siempre andaba saltando de un lado para otro. Su padre murió joven y Juana, su madre, apenas podía sacar adelante a una familia tan numerosa. Camarón ya ganaba algunas pesetas cantando por la calle con tan solo siete años. Viajó a Madrid y actuó en el tablao Torres Bermejas. La trayectoria de Camarón se puede definir en tres etapas: hasta el año 1968 sigue la tradición; hasta 1978, inició la renovación del cante; a partir de 1979, reforzó sus aspectos más revolucionarios con el disco *La leyenda del tiempo*. El día 2 de julio de 1992, José Monge Cruz, Camarón de la Isla, dejaba de existir. *"Me gustaría que me enterraran en San Fernando",* había declarado. Su deseo se cumplió. Allí, por fin, descansa en paz. En 1992 fue nombrado Hijo Predilecto de San Fernando.

22. EL CUENTACUENTOS

A.
Definición correcta de cuento: número 2.

B.
Orden de Leyenda del crespín:
1. "Había una vez…".
2. "A causa de tanta faena…".
3. "En el camino al pueblo ella".
4. "Hasta tres veces la avisaron…".
5. "Días después cuando finalizó…".
Planteamiento: 4.
Nudo: 1,5,2.
Desenlace: 3.

C.
Personajes: Crespín, *la Crespina*, los vecinos. **Espacio:** la provincia del Chaco, Argentina. **Época**: tiempo de la recogida de la cosecha, durante el verano.

23. DICHOS Y REFRANES

A.
1. **Tener buen saque:** comer o beber mucho de cada vez.
2. **Llevar la voz cantante:** ser alguien que se impone a los demás en una reunión, o quien dirige un nego-

cio o lleva los pantalones.

3. Irse por las ramas: detenerse en lo menos sustancial de un asunto, dejando a un lado lo más important

4. Dárselas de algo: presumir de alguna cualidad.

5. Hablar por los codos: hablar mucho.

6. Ir (alguien) a lo suyo: despreocuparse de los demás y preocuparse solo de los intereses propios.

B.

Diálogos:

1. Hablas por los codos.

2. Él va a lo suyo.

3. Se las da.

4. No te vayas por las ramas.

5. Tiene buen saque.

6. Lleva la voz cantante.

2. **1.** B y C.

   2. A y C.

   3. A y C.

   4. B y C.

4. **Quien mal anda, mal acaba:** se aplica a personas que llevan una vida desordenada y que generalmente finalizan de una manera negativa.

   Ande yo caliente y ríase la gente: se dice de la persona que hace lo que le parece bien o le gusta sin pensar en lo que opinen los demás.

   Dios los cría y ellos se juntan: se usa para personas que tienen gustos similares y que cuando se conoce congenian rápidamente.

   Siempre hay un roto para un descosido: se aplica a personas que tienen unas características determinadas y que encuentran a otras similares.

   A caballo regalado no le mires el diente: no debe tenerse en cuenta el valor de lo regalado sino la intención.

   No es oro todo lo que reluce: las apariencias pueden llevarnos a engaño.

24. UN CUERPO 10

1. **B.**

   Conectores intrusos. Introducción / Presentación / Orden de ideas: Para terminar. Todo esto nos lleva a...

   Resumen: Empezaremos por decir. Por un lado. En primer / segundo, cabe añadir que..., en conclusión.

   Conclusión: Incluso. Para seguir. Digamos que... Así pues, para resumir. Por una parte.

5. 1e, 2d, 3b, 4a, 5c.

A.

Datos del remitente: Sra. Dª Monserrat Puente C/ La Danza, 3. 08020, Barcelona.

Datos del destinatario: Consejería de Salud, Avda. de las Palmeras, 28

08037, Barcelona

Lugar de origen y fecha: Barcelona, 20 de mayo de 2012

Asunto: Solicitud de Información Terapia Antitabaco de la Consejería de Salud.

Saludo: Estimados Sres.:

Cuerpo: Me permito dirigirme a Vds. para solicitar…

Despedida: Le saluda atentamente,

Firma: Fdo.: Monserrat Puente

P.D.: Podrían ponerse en contacto conmigo a través de mi correo electrónico: montarrat2@uau.es

B.

Saludo: Distinguido/a Sr./Sra.: / Señores/ Señoras: / Muy señor/a/es/as mío/a/s:

Inicio del cuerpo: Les escribo para comunicarles… / Me complace ponerme en contacto con… / En relación con… / Me dirijo a…

Despedida: Reciban un cordial saludo, / Se despide atentamente, / Atentamente le saluda, / Sin otro particular, se despide atentamente, / Dándole las gracias de antemano y en espera de su respuesta, le saluda atentamente, / En espera de sus noticias, reciba un cordial saludo, / Un atento saludo,

---

Serafín Demipro Blema
C/ Comilón, 10.
45303, Campillos.

Estimados Sres. :

Hace un mes recibí en mi correo electrónico un anuncio con alguna información de su clínica. Estoy bastante acomplejado con mi aspecto físico y creo que Vds. podrían ayudarme.

Estoy interesado en sus servicios ya que me gustaría someterme a una liposucción. Quisiera que me enviaran más detalles sobre la operación, su coste, garantía de éxito y cualquier otro dato que consideren de interés.

A la espera de sus noticias, les saluda atentamente,

Fdo.: Serafín Demipro Blema

SOLUCIONES

Clínica Pontebello.
Pza. Arco 13, 4º A.
22315, Málaga.

Estimado Sr. Demipro:

Hemos recibido su carta y le agradecemos que haya confiado en nuestra clínica. En cuanto a la información que solicita, preferiríamos proporcionársela personalmente. Por ello, lo invitamos a que nos visite sin ningún tipo de compromiso y nuestros especialistas lo atenderán con mucho gusto. Le recordamos que nuestro horario es de 10:00 de la mañana a 22:00 de la noche. Para concertar una cita puede llamar al teléfono 967 587 669.

Sin otro particular, le saludamos atentamente,

Fdo.: Raúl Garrido
Responsable de Atención al paciente

26. QUERIDO/A...:

ı. **A.**

1. Querida Puri:
2. Hace tiempo que quería escribirte
3. Te mando esta carta
4. las gracias de mi parte
5. Muchos besos a todos. / Muchos besos. / Saludos. / Un beso.

B.
Saludo: Querido Pepe: / ¿Cómo estás? / ¡Hola! / Hola, Juan: / ¿Qué tal? / ¿Cómo te va? / ¿Qué hay? / ¿Cómo andan?
Cuerpo de la carta: Me he acordado de ti… / Te escribo esta carta para… / Te mando esta carta… / Te envío estas letras… / Te escribo esta carta porque… / Te mando esta carta porque… / Te escribo porque…
Despedida: Con cariño, / Saludos, / Recuerdos a tus padres. / Muchos besos a todos. / Un abrazo, / Saludos a Juan.

C.

Fórmula de agradecimiento: Dale también las gracias de mi parte a tu marido.

Otras fórmulas de agradecimiento: Quisiera darte las gracias por… / Muchísimas gracias por… / Hace tiempo que quería escribirte para agradecerte…

Carta sin errores:

Para:	henriklarxon@kit.es
Asunto:	¡Fiesta!
Enviado:	15/03/2012

Hola, Henrik: Kioto, 24 de enero de 2012

¿Cómo **estás? Hace tiempo que quería escribirte para darte** las gracias por la fiesta de despedida del viernes ¡Fue increíble! **Me gustó muchísimo porque, por fin, pudimos estar todos juntos**…

¡Ah! Se me olvidaba, el regalo que me hicisteis, me encantó. Quisiera que me **enviaras** las fotos que nos hicimos.

Muchos besos a todos y un abrazo,

Masabumi

B.

Paso 1: Elegid un vino tinto no muy caro. Echad el vino en un cuenco o jarra y añadid el azúcar hasta que se disuelva bien.

Paso 2: Se exprimen las naranjas y se añaden al cuenco. Podéis cortar alguna rodaja de naranja entera como adorno.

Paso 3: Lavad los melocotones, quitadles la piel y cortadlos en trozos pequeños. Añadidlos a la mezcla.

Paso 4: Ponedlo todo en una jarra o recipiente grande. Guardad la sangría en el frigorífico. Debe servirse muy fría.

Paso 5: Si queréis hacerla más fuerte, añadid un poco de coñac o de ron.

Coma (,) Separar los elementos de una enumeración: "… se pinta las uñas, se hace trencitas en el pelo…". / "… es más sensual, consume los mismos productos que el metrosexual, pero es…". **Introducir una explicación:** "… hombre de clase media-alta, que viene en la metrópolis, al que le gusta vestirse con ropa llamativa, se cuida la piel…".

Punto y coma (;) Separar frases conectadas por el significado: "… y estilo propio; es decir, es vanidoso en la medida justa." **Punto (.) Punto y seguido:** "La palabra 'metrosexual' fue inventada (…). Define al 'nuevo hombre' del siglo XXI". **Punto y aparte:** "Puede ser homosexual, heterosexual o bisexual. / Según Simpson (…)". **Dos puntos:** "Sus características son: autoconfianza, sensibilidad y estilo propio…".

2.

> Sara Sjoström, natural de Estocolmo (Suecia), nacida el 1 de agosto de 1980, con domicilio actual en Madrid, C/ Fuencarral, nº 7, C.P. 58234, con nº D.N.I / Pasaporte 7867965, respetuosamente,
>
> EXPONE:
> Que desearía matricularse en el curso intensivo (febrero-marzo) cuyo plazo de matrícula ha terminado, por lo cual,
>
> SOLICITA:
> Que me sea concedido el permiso para hacer dicho curso.
>
>
> Fdo.: Sara Sjoström
>
>
>
> Madrid 5 de febrero de 2012
> SRA. DIRECTORA CURSOS DE ESPAÑOL
> UNIVERSIDAD DE MADRID

1. **1. Falso:** La extensión del currículo debe ser breve. En la mayoría de los casos, dos páginas bastará para resaltar un perfil personal, tres páginas pueden ser ya demasiadas en muchos países.

2. Verdadero.

3. Falso: Hay que tener cuidado de no completar o rellenar artificialmente el CV; se correría el riesgo de ser descubierto durante una entrevista.

4. Verdadero.

5. Falso: Habría que resaltar las competencias que tengan relación con la candidatura a la que nos presentamos.

6. Verdadero.

7. Verdadero.

8. Verdadero.

B.
Ejemplo de mediación escrita.
Os explico todo lo que no entendíais del contrato, la compañía no pagará los daños causados en el coche si conducís bajo los efectos del alcohol u otras sustancias que disminuyan vuestra capacidad. Si entregáis el coche un día después del plazo acordado, deberéis pagar el día completo. Tendréis que entregarlo con el depósito lleno de gasolina o, de lo contrario, pagaréis la diferencia con un suplemento o recargo de dinero. **En cuanto al coche, el open morsa** posee ventanas que se bajan y suben eléctricamente. No hay que abrirlas o cerrarlas manualmente. Tiene, además, aire acondicionado.

B.
Parastornudox: Es un medicamento antigripal y **sirve para** el tratamiento de la gripe y el resfriado común. Con él bajaréis la fiebre y evitaréis la tos. **La dosis que tenéis que tomar es de** un sobre cada seis u ocho horas. **Tenéis que dejar el medicamento** si desaparecen los síntomas de la enfermedad. No debéis tomarlo si vais a conducir porque puede producir sueño. **Tenéis que tener cuidado** y abandonar el tratamiento si estáis tomando antidepresivos. No podéis ingerir bebidas alcohólicas. No está recomendado **si estás embarazada** o en la época en la que la madre le esté dando el pecho al bebé.

A.
1. Te veo esta noche donde siempre. **2.** Este fin de semana en mi casa… **3.** Te quiero mucho. Un besazo, cariño. **4.** La clase, un rollo…

1. Un tratamiento anticaída del cabello.
2. Unas gafas.
3. Una crema para después de las picaduras de los insectos.
4. Una mayonesa.
5. Un colchón.
6. Una agencia de viajes.
7. Una crema suavizante para el cabello.
8. Unos bombones.
9. Un reloj.
10. Una crema antienvejecimiento.

Se publicita una compañía de teléfonos. Con Hablax tendrán las llamadas locales y nacionales gratis. Solo abonarán la conexión a Internet. Va dirigido a un público joven porque en la publicidad aparece una conversación entre una madre, que habla muchísimo por teléfono, y su hijo.

B.
Se anuncia un producto llamado ENERCOLA. Es una bebida energética. **Se recomienda** beberla **cuando** se esté cansado, cuando tengamos que conducir, cuando estemos a dieta… Posee muchas **cualidades**: es energética, relajante, permite mantenerse despierto durante la conducción y no engorda. **El eslogan es** ¡Ponte las pilas! **Es una expresión que se usa cuando** queremos que alguien se anime o haga las cosas con rapidez, con energía…

Actividad 3.

NOTICIAS EN LA ONDA

Huelga de pilotos en la compañía LAE

–Ayer por la tarde los pilotos de la compañía de Líneas Aéreas Españolas secundaron una huelga para pedir una mejora salarial. Algunos de los manifestantes explicaron a nuestra redacción que las protestas se prolongarán, indefinidamente, en el caso de que patronal y sindicatos no lleguen a un acuerdo en las próximas horas. Mientras tanto, en los aeropuertos, la situación se hace insostenible ya que los pasajeros sufren largas horas de espera, cancelación de vuelos y falta de información. Así lo explicaba uno de los afectados:

"¡Esto es inhumano! Nadie nos dice nada y aquí nos tienen esperando y sin saber qué pasará… Si lo sé, no viajo en estos días… En fin, lo de siempre, que pagan los que menos culpa tienen".

Información meteorológica

–Antes de que les ofrezcamos la información deportiva, veamos qué tiempo nos espera para el próximo fin de semana. Informa nuestra compañera Nieves Blanco, cuando quieras Nieves:

–*"Pues sí señores, este fin de semana el anticiclón y las altas presiones nos abandonarán para dar paso a chubascos generalizados en todo el país que serán más intensos en el Mediterráneo. En cuanto a los vientos, soplarán de moderados a fuertes en el litoral atlántico. De cara a la próxima semana la inestabilidad dará paso a un tiempo cada vez más estable y a temperaturas en alza".*

Deportes

–El fin de semana pasado, la Selección Española disputó un partido amistoso contra un combinado formado por las figuras extranjeras que juegan en la liga nacional. Entre ellos estaban David Beckham, Ronaldo, Roberto Carlos, Ronaldinho, Zidane, etc. Como ya viene siendo habitual por estas fechas, el partido tenía como objetivo recaudar fondos para la lucha contra la droga. El equipo español, una vez más, demostró en el terreno de juego el buen momento físico por el que atraviesa. El marcador se inauguró en el primer minuto de juego con un gol de cabeza que marcaba Raúl, máximo goleador de este año. Pero muy pronto, en el minuto quince, llegó el empate del equipo de las estrellas con un gol firmado por Ronaldinho. La segunda parte careció de emoción hasta que en el minuto ochenta y ocho llegó el desempate con un gol en propia portería de David Beckham. Así lo contaba nuestro compañero Pepe Gólez:

–*"Atención señores, el balón en posesión de Beckham, pero ¿qué hace?, ¡qué fallo! ¡Gooooooool, en propia meta! ¡Increíble!".*

Actividad 4.

Señoras y señores, muy buenos días y bienvenidos a espacio cultural de Onda Radio. Mis compañeros y yo estamos encantados de ofrecerles, una vez más, algu na de nuestras propuestas de ocio para hoy en la ciu dad. Esperemos que sean de su agrado y que les sea útiles. Si no sabían en qué emplear su tiempo libre no se preocupen, seguro que encontrarán algo intere sante entre todas estas posibilidades… Arturo, cuan do quieras…

Música

Hoy jueves a las 13:30 horas comienza el ciclo de Flamenco-Rock en la sala Flamenka de la calle Sol número ocho. Contaremos con la actuación el grupo Kepasa que mezcla los aires del flamenco más tradicio nal con el rock más actual ¡No se lo pierdan!

Artes escénicas

La compañía andaluza de teatro ARS estrena esta noche, a las nueve, en el teatro de la capital, el clási co Don Juan Tenorio de Zorrilla. Se trata de una revi sión del mito de Don Juan trasladado al siglo XXI. Un Don Juan con pirsin, tatuajes y vaqueros que fre cuenta la vida nocturna, pero que sigue siendo un rompecorazones.

Restaurantes

La moda de la comida de fusión llega a nuestra ciudad Acaba de abrir sus puertas, en pleno casco antiguo, e

restaurante LECHUGA. Decorado con un estilo mini malista, LECHUGA ofrece el mejor ambiente y unos platos donde se mezclan sabores de todos los conti nentes para los que quieran disfrutar de una velada diferente. Uno de los atractivos del local es la música que pinchan en directo los más prestigiosos DJ'S de momento.

Exposición

Hasta el 11 de este mes podrá visitarse en la Galería de Arte Goya (Avenida de las Palmeras, 15) la exposición: *"De la peonza al videojuego: historia del juguete en España"*. El horario de visita es de lunes a sábado de 10 de la mañana a 20 horas ininterrumpidamente. Para más información puede llamar al 9 4 3 21 56 79.

Discoteca

En la discoteca Pechá se celebrará hoy, a partir de las 23 horas, una fiesta internacional donde se podrá disfrutar de música de todo el mundo en sus cuatro pistas. Si viene acompañado de su pareja, tendrán un descuento en el precio de la consumición. A las dos de la madrugada, *hora feliz*, las copas serán más baratas: dos por una.

Actividad 3.

Hans: Buenos días.

Secretaria: Hola, buenos días, ¿en qué puedo ayudarte?

Hans: Venía porque me gustaría que me informaran sobre los cursos que se ofrecen aquí.

Secretaria: Ah, muy bien… ¡Siéntate, siéntate un momentito!

Hans: Gracias.

Secretaria: Mira, aquí tienes los folletos con toda la información. Como ves, tenemos dos tipos de cursos, intensivos con cinco horas diarias de clase durante un mes, y otros con cuatro horas que duran cuatro meses. ¿Cuál te interesaría más? ¿Cuánto tiempo te quedas aquí?

Hans: No lo sé, es posible que me quede seis o siete meses.

Secretaria: Umm, perfecto. Te recomiendo que te matricules en un curso de cuatro meses, ya que vas a pasar bastante tiempo en España. Es lo mejor para perfeccionar el español, aunque ya hablas muy bien…

Hans: ¡Muchas gracias! Muy amable… ¿Cómo son las clases?

Secretaria: Hay dos horas de gramática y dos horas de prácticas para hablar, trabajar con el vocabulario, la cultura…

Hans: ¿Cuántos estudiantes hay por clase?

Secretaria: Son pequeñas. El número máximo es de 12 alumnos, así la atención es más personalizada.

Hans: De acuerdo, muy bien y… ¿el precio?

Secretaria: El curso cuesta trescientos euros. ¡Ah!, se me olvidaba, incluye: fiestas, excursiones y visitas a monumentos importantes de la ciudad.

Hans: Me gusta. ¡Qué bien!

Secretaria: El plazo de matrícula termina dentro de dos días, así que debes decidirte pronto si quieres estudiar aquí.

Hans: Vale, de acuerdo… emm… ¿Cómo hago la matrícula?

Secretaria: Muy fácil. Rellena este impreso, tráeme dos fotos recientes y, después, vas al banco y haces la transferencia al número que se indica aquí. Cuando lo tengas todo, tráemelo y ya está.

Hans: Sí… vale… muy bien…

Secretaria: No hay de qué, para eso estamos. Si tienes algún problema, no dudes en llamarme, este es el teléfono directo de secretaría.

Actividad 4.

1. No, no… De ninguna manera… En los exámenes no se puede usar el diccionario; ni siquiera si estás en el nivel inicial.

2. Bueno, como es lógico, en clase no está permitido fumar. Y, claro, dentro del centro está totalmente prohibido. No hemos habilitado ninguna sala especial para fumadores. Lo siento mucho por ellos, pero las reglas son las reglas.

3. En clase, en cuanto a lo de comer chicle o cualquier otra cosa… hombre, no está muy bien visto. En todo caso dependerá de lo que el profesor decida.

4. ¿Quitarse los zapatos? ¡Uy! Tengo que deciros que no habíamos pensado en eso… Ya sabéis que en España no es una costumbre; no obstante, si al profesor y a vuestros compañeros no les molesta… De todas formas, ya os digo que aquí no es normal andar descalzo por la clase, ningún alumno español lo hace.

5. Lo del móvil sí que es un problema. No hace falta que os diga que tenéis que dejarlo en silencio durante las clases. Apagarlo no es obligatorio, aunque, por favor, evitad que suene en medio de la clase.

6. ¡Ah! No, no, ¡tranquilo hombre! Puedes tutear a los profesores. No se enfadarán. En España es habitual tratarlos de tú, además la mayoría de ellos son muy jóvenes y, a lo mejor, se enfadan si les habláis de usted…

Actividad 3.

Antonio: ¡Hombre, Carlos! ¡Cuánto tiempo llevábamos sin vernos! ¿Cómo andas?

Carlos: Aquí vamos tirando, pero… tú sí que estás bien, por ti no pasan los años, te veo igual que siempre.

Antonio: Bueno, ¿qué te cuentas? ¿Y la familia?

Carlos: Como siempre, bien… Aunque ahora mi hijo se ha quedado sin trabajo y estamos un poco preocupados.

Antonio: ¿Y dónde trabajaba?

Carlos: Ha estado trabajando en un supermercado, de mozo. Le habían hecho un contrato de seis meses y después… ¡a la calle!

Antonio: Bueno, tranquilo, seguro que encuentra algo.

Carlos: Ya, pero, mira que yo se lo decía, que estudiara, que era mejor tener un título que no tenerlo… Pero, por una oreja le entraba y por otra le salía, y ahora lo está viendo: va a tener que seguir buscando…

Antonio: ¿Ganaba mucho en el supermercado?

Carlos: Bueno… umm, si te digo la verdad… No me acuerdo, pero para sus gastillos, sí. En fin, no voy a seguir contándote mis penas…

Antonio: ¡No te preocupes! Mira, tengo un amigo que a lo mejor le puede echar un cable, te voy a dar su teléfono y que lo llame y le diga que yo le he dicho que lo llame.

Carlos: ¡No sabes cómo te lo agradezco!

Antonio: No, no me des las gracias y ¡que lo llame! Ya me contarás… Venga, Carlos, que tengo que dejarte. Me alegro mucho de verte.

Carlos: Vale, Antonio, nos vemos y gracias otra vez…

Actividad 4.

Rebeca hace una entrevista de trabajo para la boutique TARA´S MODA

Entrevistador: Buenos días, pase y siéntese, por favor.

Rebeca: Buenos días. Gracias.

Entrevistador: ¿Qué tal? Soy Armando Ropero, responsable del área de recursos humanos de Tara's Moda.

Rebeca: Encantada. Mucho gusto. Soy Rebeca Álbez.

Entrevistador: Bueno, como ya sabe, el puesto es de gerente para una de nuestras boutiques. He ojeado su currículo y, bueno, querría hacerle unas preguntas… Ya sabe…

Rebeca: De acuerdo. Sin ningún problema. Pregunte lo que quiera.

Entrevistador: Veo aquí que está usted casada. ¿Tiene hijos?

Rebeca: Sí. Llevo casada cinco años y tengo dos niñas, de dos y un año.

Entrevistador: ¡Ah! ¡Son muy pequeñas! No le dejarán mucho tiempo libre ¿verdad?

Rebeca: ¡Hombre! No mucho… Pero, cuando tenga un huego me doy un paseíto, me leo un libro… En fin, lo que puedo.

Entrevistador: Claro, claro… Me imagino que usted sabrá que nuestras tiendas están abiertas por la mañana y por la tarde ¿Tendría algún problema para compaginar esto con su vida familiar?

Rebeca: No, en absoluto. Las niñas tienen una canguro que las cuida cuando mi marido y yo estamos trabajando.

Entrevistador: Perfecto. Sigamos. Aquí dice que estudió usted Pedagogía, pero no terminó ¿no?

Rebeca: Pues, no. Umm, es que, por motivos personales…

Entrevistador: ¡Tranquila! No se ponga nerviosa. Comprendo… Habla usted inglés ¿verdad?

Rebeca: Sí, hablo bastante bien. Estuve trabajando en Londres un tiempo.

Entrevistador: ¡Ah, sí! He leído por aquí que estuvo de dependienta en los almacenes Parrod´s.

Rebeca: Fue una experiencia muy buena. Era la primera vez que salía de mi casa y aproveché para ganar algo de dinero y aprender el idioma. Además, tuve que tratar con todo tipo de clientes.

Entrevistador: ¡Eso es fundamental! El cliente siempre debe salir satisfecho para que vuelva otra vez.

Rebeca: Tiene razón. En ese sentido yo creo que puedo hacerlo bastante bien.

Entrevistador: Ahora le voy a contar algo que le interesará sobre las condiciones de trabajo, el salario, etcétera.

Rebeca: Muy bien.

Entrevistador: En principio, le haríamos un contrato de prueba de tres meses que después pasaría a indefinido, si todo va bien. Por supuesto, estará asegurada desde el primer día. En cuanto al salario, es de novecientos euros al mes y dos pagas extra anuales ¿qué le parece?

Rebeca: Lo veo razonable.

Entrevistador: A ver, a ver… Creo que me dejo algo en el tintero ¡Ah sí! ¡Las vacaciones! Tiene un mes de vacaciones pagadas, aunque debe cogerlas partidas en dos quincenas.

Rebeca: Me parece bien.

Entrevistador: ¿Quiere usted preguntarme algo más?

Rebeca: Bueno no, solo que… En el caso de que me aceptaran, ¿cuándo tendría que incorporarme al trabajo?

Entrevistador: En principio, necesitaríamos que se incorporara para las rebajas. De todas formas, nos pondremos en contacto con usted ¡No se preocupe!

Rebeca: Estupendo. Pues, muchas gracias.

Entrevistador: A usted. Hasta pronto.

4. ESCUCHA LO QUE TE VOY A CONTAR

Actividad 3.

El abuelo Manolo

¡Mira, hijito! Déjame que te cuente cómo vivía yo cuando era joven. Después de la Guerra Civil la vida no era fácil para casi nadie. En mi familia éramos muchos, no teníamos ni un real y pasábamos mucha hambre. Nada que ver con los tiempos que corren. Ahora tenéis de todo y no os gusta nada; sois demasiado tiquismiquis. Así que con tu edad, ya había trabajado en el campo, en una granja… Pero, siempre de sol a sol.

Y claro, por eso, apenas fui a la escuela. Vaya, lo necesario para aprender cuatro números y cuatro letras… Y hoy en día, muchos estudios y poco respeto por los mayores. Que yo le hablaba a mi padre de usted y nunca me atrevía a contestarle de mala manera. Igualito que los jóvenes de ahora: que si no quiero, que si no me da la gana, que si tú no me entiendes… ¡Así va el mundo!

La abuela Adela

Bueno, bueno; cada uno cuenta la historia según le va… En aquella época, mi familia no tenía lujos, pero íbamos tirando. Mi padre era el médico del pueblo y mi madre ama de casa. Mis hermanos y yo sí pudimos ir a la escuela ¡Ay, cómo recuerdo los recreos! Jugábamos a la comba, al escondite… Eso sí, en clase no se podía decir ni *mu*; lo que decía el profesor, iba a misa. ¡Ah¡ Y tampoco se me olvida el olor de esa onza de chocolate que nos daba mi madre para merendar. Siempre me sabía a poco…

5. MIS VIRTUDES Y DEFECTOS

Actividad 4.

Soy muy malo en matemáticas, ya he suspendido otra vez. Sin embargo, los idiomas se me dan muy bien.

–Papá, ¿por qué no me dejas el coche este fin de semana?
– (SILENCIO)
–Papá, ¿me estás escuchando? Si me lo dejas, te lo lavo y le lleno el tanque.
– (SILENCIO)
–¡El coche! ¡Ni hablar! ¡No seas tan listo! Después de lo que le hiciste la última vez ¡Por favor…!

–Mira, me he comprado un pantalón. Te lo enseño, a ver si te gusta.
–¿De qué color es?
–Es negro porque así va con todo.
–Ah, es muy mono.
–No es para tanto, normalito.

–He escuchado llorar al niño, voy a ver qué le pasa.
–¿Ya está despierto? ¡Si son las siete de la mañana!

–Es muy importante ser atento con los clientes.
–No se preocupe, señor López, lo haré lo mejor posible.

–¿Qué te parece el nuevo?
–¡Uh! Es muy callado. Parece un *zombi*.
–¡Hombre! ¡No te pases! Habrá que darle tiempo.

–He visto en el cine una peli española muy buena sobre el boxeo que se llama *A golpes*…
–Yo creo que no voy a verla… El boxeo es muy violento, seguro que hay escenas desagradables, con mucha sangre…

¡Ah! ¡Estoy hecho polvo! La situación en la empresa es grave y creo que me van a echar.

–Cuando Pedro se pone a contar chistes me desespero, siempre igual…Todos son verdes.
–Sí, es verdad, parece que está obsesionado con el sexo, no hay otra cosa en su cabeza.

7. ¡POR FIN VIERNES!

Actividad 5.

1. Un libro que me haya gustado mucho… No sé… ¡Ah, sí! Espera piiiiiiiiiiiiiiiiiiiiii. No me acuerdo de quién es… Pero va de una mujer triunfadora en su trabajo, de éxito, con una casa fantástica, un coche de lujo… en fin, que vive como una reina… También tiene mucho éxito con los hombres, pero su idea del amor es un poco especial. Lucía mantiene una relación a tres bandas. Es decir, está con dos hombres al mismo tiempo, uno le da la estabilidad, tranquilidad, amistad y el otro el amor, la pasión… No puede renunciar a ninguno de los dos y se ve envuelta en un complicado triángulo amoroso… Vamos, un lío que acaba fatal…

2. Felisa, acabo de leer un libro genial. Yo que tú lo leería porque además, a ti te encanta la cocina y con él vas a aprender un montón de recetas… Es la historia de Tita, la hija pequeña de una mujer viuda que vive en Méjico. Por lo visto, en esa época, tenían una tradición que obligaba a la niña más pequeña de la familia a cuidar de su madre y a no casarse. Así que Tita, aunque estaba enamorada de Pedro, no pudo casarse con él… ¿Y sabes lo que hizo el chico? Casarse con la hermana de Tita para estar cerca de ella… Bueno, yo lloré como un niño. ¡Es una historia preciosa!

3. ¡Me encantó! ¡Me lo leí de un tirón! ¡Es muy original! Nos presenta un mundo imaginario en el que primero los libros se van volando, después empiezan a desaparecer las letras, después las palabras, de forma que no hay cómo nombrar a las cosas y todo empieza a complicarse… Imagínate, ¿qué pasaría si no tuviéramos palabras? ¡Qué problema! ¿no?

8. ¡BUEN VIAJE!

Actividad 1.

–Manolo García, director de la agencia de viajes TODO-MUNDO, comenta para ustedes algunos datos sobre los españoles y su forma de organizar las vacaciones:

–Bueno, realmente la mayoría de los españoles disfruta de sus vacaciones dentro del territorio nacional, preferentemente en la costa…
PAUSA
–Sí, sí…El español medio viaja menos días, pero lo hace más a menudo y se gasta más en el destino…
PAUSA
–Está claro que la fortaleza del euro ha contribuido a una mejor situación económica para los españoles de cara a viajar a regiones como Latinoamérica o Asia…

PAUSA

–Los alojamientos preferidos por los españoles para sus vacaciones son: hotel, parador u hostal, casa de familiares y vivienda propia...

PAUSA

–Casi un tercio de españoles se dirige en sus vacaciones al campo, a la montaña o a las ciudades de interior.

PAUSA

–Antes disfrutábamos de unas vacaciones al año. Ahora queremos, además, el fin de semana en una capital europea, el puente en una casa rural... Se presentan ofertas para todos los gustos y todas las épocas.

PAUSA

–Sin duda, es el coche el medio de transporte preferido, seguido del avión, que ha desbancado al autocar como segundo medio de transporte.

PAUSA

–No, no de ninguna manera. Las agencias de viajes tradicionales siguen creciendo en número y rentabilidad gracias al incremento de la demanda.

Actividad 3.

1. Marcelo

¡No veas lo que me pasó en julio del año pasado! Pues resulta que estaba de vacaciones en Pamplona y mi novia, que es de allí, y sus amigos se empeñaron en que corriera delante de los toros. Y ¡tonto de mí! les hice caso. Me puse a correr como un loco y pasó lo que tenía que pasar, me caí. Aunque eso no fue lo peor... Terminó el encierro y, cuando íbamos a desayunar, me di cuenta de que todos estaban muertos de risa. Se me había roto el pantalón, ya te puedes imaginar por dónde...

2. Ronald

¿Qué dónde estaba yo en agosto? Estaba estudiando español en Málaga. Había alquilado un estudio en el centro y durante la Feria me ocurrió algo divertidísimo... Verás... un día, después de clase, mis compañeros y yo fuimos a dar una vuelta por las casetas del casco antiguo de la ciudad. Nunca en mi vida había visto a tanta gente cantando, bebiendo, bailando y pasándoselo de miedo. ¡Ah! ¡Y todo eso en plena calle! Bueno, total que nosotros también tomamos unas tapitas, unas copitas de vino... Cuando llegó la hora de volver a casa, resulta que me encuentro en la puerta de mi edificio a un montón de gente con las guitarras, cantando y bailando. Claro, ¡no había quien entrara en casa! Les decía que me dejaran pasar, pero ellos no me escuchaban. De repente, alguien me cogió por el hombro y me vi en el centro del grupo con un sombrero, una copa de vino y sin saber qu[e] hacer... me puse a bailar sin dudarlo.

3. Shigaru

Nunca olvidaré aquel viaje por España. Fue en marz[o] ¿Que por qué fue especial? No tenía coche, no ten[ía] dinero... pero, tenía ganas de aventura; por eso, dec[i]dí hacer el viaje en auto-stop. Una de mis paradas fu[e] Valencia. Llegué al anochecer y me encontré con una[s] enormes figuras de colores que estaban por todas la[s] calles. Me quedé con la boca abierta ¿qué hacía aque[]llo allí? A las pocas horas, algo inexplicable... Todo[] mi alrededor era un gran fuego, bomberos por toda[s] partes, muchísima gente aplaudiendo y mirand[o] ¿Estarán locos?, pensé. Hay fuego y no corren. U[n] poco más tarde alguien me explicó que aquello era un[a] fiesta y que no tenía por qué preocuparme.

4. Sandra

La había visto en la tele, sin embargo, quería visitarl[a] en persona. En agosto, ni corta ni perezosa, saqu[é] un billete de tren y me planté en Buñol, cerca d[e] Valencia. Cuando llegué, ya había empezado todo; l[o] único que se veía eran miles de personas tirándos[e] tomates ¡Qué locura! No me dio tiempo a nada, ante[s] de que me diera cuenta, me tiraron un tomatazo e[n] todo el ojo. ¡Ay, qué dolor! ¡No me quiero ni acorda[r] Ahí acabó la fiesta para mí. Tuve que ir al hospital..[.] Bueno, yo quería vivir la fiesta en vivo, pero n[o] tanto...

Actividad 4.

1. –¡Qué desastre! Me he confundido de maleta y he cogi[]do de la cinta transportadora la que no era.

–Bueno, mujer, ¡cálmate que no es el fin del mundo!

2. –¡Qué faena! Te llamo para decirte que ha habido u[n] error en la reserva del hotel y ahora no tengo dónd[e] quedarme porque no hay nada libre.

–¡No pasa nada! Tranquilízate. Te busco en Internet, [a] ver si queda algo y te llamo...

3. – ¡Dios mío! ¡Lo que me faltaba! Me acaban de robar e[l] monedero y dentro estaba el billete de avión.

– Espera un momento, no te agobies, lo primero e[s] poner la denuncia...

10. ¿TE APUNTAS...?

Actividad 2.

Madre: ¡Venga! A la mesa... Que es hora de comer...

Salvador: Laura, quédate a comer con nosotros.

Laura: ¡Ay! No gracias. Es que mi madre me estará esperando.

Madre: Bueno mujer, pues llámala y se lo dices… he hecho una paellita…

Laura: Umm… Es que no sé…

Salvador: ¿No te apetece…? Mi madre tiene unas manos para la cocina… Lo hace todo buenísimo, para chuparse los dedos…

Laura: Bueno, ya está. Pues me quedo… ¡Uy! ¡Qué buena pinta tiene la paella!

Madre: Venga, que te pongo tu plato.

Actividad 3C.

Ana: Sí, ¿dígame?

Tú:

Ana: ¿Cómo estás? ¿Qué pasa?

Tú:

Ana: ¡No me digas! Pero, ¿por qué?

Tú:

Ana: ¡Qué pena! ¡Otra vez será! Me gustaría que pudieras venir porque seguro que podremos probar platos de todo el mundo y lo pasaremos genial… De todas formas ¡que te diviertas! Y llámame cuando quieras… Tengo ganas de verte y charlar un ratito…

Tú:

Ana: Venga, hasta otro día.

Pepe: ¿Sí?

Tú:

Pepe: ¡Hombre! ¿Cómo estamos? Me imagino que me llamabas por lo de la fiesta de disfraces, ¿vendrás?, ¿no?

Tú:

Pepe: ¡Vaya hombre! ¿Estás seguro de que no vas a cambiar de opinión?

Tú:

Pepe: ¿Y si te pasas un ratito antes de lo de la despedida?

Tú:

Pepe: ¿No será que no quieres venir?

Tú:

Pepe: Vale ¡está bien! Pero la próxima vez no te escapas.

Tú:

Pepe: Nos vemos. Adiós.

Alberto: ¿Diga?

Tú:

Alberto: ¿Cómo andas?

Tú:

Alberto: ¡Qué bien! No podías faltar a mi despedida… Me alegro de que puedas venir.

Tú:

Alberto: Creo que no va a faltar nadie. Nos lo vamos a pasar de muerte. Ya lo verás.

Tú:

Alberto: Si quieres, pásate por mi casa y luego nos vamos juntos. ¿Te parece bien?

Tú:

Alberto: Por cierto, díselo también a Pedro si lo ves, porque no he podido ponerme en contacto con él ¿vale?

Tú:

II. ¡DIGAN LO QUE DIGAN, LOS ESPAÑOLES…!

Actividad 2.

–Al salir de la iglesia, a los recién casados, les tiran arroz…

–¿Arroz? ¡Qué extraño! ¿Hay alguna explicación?

–Sí, sí claro. Dicen que es un símbolo de riqueza… Así no les faltará el dinero en su vida…

–¡Ah, qué interesante!… ¿Y en Navidad? ¿Hacen algo especial?

–Toman doce uvas a las doce en punto del día 31 de diciembre con las campanadas…

–¡No me digas! ¿Y por qué lo hacen?

–Es que dicen que trae buena suerte para el resto del año.

–¿Ah, sí? ¿Y tú las tomaste?

–Claro, me las tomaba o…

–O no te dejaban salir de allí ¿verdad?

–Por supuesto… De todas formas estuvimos en casa de Rosa hasta las seis y media de la mañana.

–¡Hasta las seis y media de la mañana! ¡Qué fuerte!

–Y, después, chocolate con churros.

–Ya, chocolate con churros, el desayuno típico…

–Sí, sí ¡Está buenísimo! ¡Buenísimo! A mí me encanta…

–Uf, no estoy de acuerdo… No, de ninguna manera. Creo que es un desayuno muy pesado, con tanto aceite… ¡Qué asco! ¡Puahh!…

–¿Y la paella?

–La paella sí… La paella es mi plato favorito, la que más me gusta es la de marisco…

–Tienes toda la razón… Es la mejor, pero… ¡qué hambre! ¿no?

–Es verdad… ¿Por qué no vamos a comer algo?

–Buena idea… Vamos, pago yo…

12. ¿PODRÍA AYUDARME?

Actividad 3.

Dependienta: Hola, buenos días, ¿ le atienden?

Tú: Mire, quería comprarme un móvil, pero la verdad es que no tengo ni idea de cuál me interesa más. ¿Podría usted ayudarme y enseñarme algunos modelos? A ver si así me aclaro.

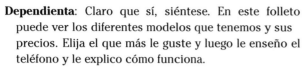

TRANSCRIPCIONES DE LAS GRABACIONES

Dependienta: Claro que sí, siéntese. En este folleto puede ver los diferentes modelos que tenemos y sus precios. Elija el que más le guste y luego le enseño el teléfono y le explico cómo funciona.

Tú: Este de aquí tiene internet, cámara, mp3... No está mal de precio y parece muy completo.

Dependienta: Le recomiendo mejor ese pues está dando muy buenos resultados. Tiene la mejor cámara del mercado y puede grabar vídeos. Además la batería dura más de lo normal... En fin, es una maravilla.

Tú: ¿Me regalan algo con el teléfono?

Dependienta: Por supuesto. Viene con cable USB, auriculares y una funda. Y quinientos minutos de mensajes gratis, porque usted lo quiere con contrato, ¿verdad?

Tú: Sí, es más cómodo que con tarjeta.

Dependienta: Muy bien. Cuenta con siete días para probarlo. Si hubiera algún problema, lo trae y se lo cambiamos. Además, tiene una garantía de un año. No debe perder la factura, ya que es el justificante de la compra.

Tú: Muchas gracias, señorita. Ha sido muy amable.

Dependienta: De nada. Ah, ¡se me olvidaba! Antes de utilizarlo la primera vez, debe cargarlo durante ocho horas seguidas.

Tú: Muy bien, gracias otra vez.

14. ¿ME EXPLICAS LO DEL PISO?

Actividad 2A.

Agente: Venga, adelante. Como podéis ver la puerta de entrada es blindada y de madera de calidad. A la derecha tenemos la cocina. Muy amplia. Con ventana. Todos los electrodomésticos. Aquí está el lavadero, es pequeño pero...

Hamed: ¿Los muebles de la cocina parecen nuevos? ¿no?

Agente: Sí, sí. Pasad por aquí, el salón-comedor también está muy nuevo. Y mirad por el balcón... Se puede ver el parque... En fin, que las vistas no están nada mal...

Hamed: Me gusta, me gusta...

Agente: Te enseño el dormitorio. Tiene mucha luz, ¡ah! y equipo de música.

Hamed: ¡Ah!, ¡qué bien!

Agente: Por último, aquí está el cuarto de baño y por aquí el aseo... Esa otra habitación es la del otro inquilino ¿Qué os parece?

Hamed: Lo veo bien pero...

Agente: Tranquilo, no tienes que contestar ahora. Piénsatelo y me llamas.

Hamed: Ya lo llamaré. Muchas gracias, ha sido muy amable.

16. LA RIQUEZA DEL ESPAÑOL

Actividad 1.

Nuestro reportero Santi Rosado ha acudido al V Congreso sobre la Situación actual y proyección de la lengua española que se está celebrando estos días en la Facultad de Filosofía y Letras de Santiago de Compostela. Estos son algunos comentarios y opiniones recogidos después de algunas de las sesiones:

1. Es increíble cómo está aumentando el número de jóvenes que deciden aprender español porque es una herramienta fundamental para desarrollar una carrera profesional con éxito.

2. En el contexto europeo la lengua española tiene una gran relevancia puesto que el 9% de la población es de origen hispano y de estos el 6% tienen el español como segunda lengua.

3. Me gustaría destacar que el español es la lengua con mayor proyección de futuro además de ser el segundo idioma más hablado a nivel mundial después del chino mandarín. La cifra es de aproximadamente 500 millones de hispanoparlantes.

4. Me ha sorprendido que el número de estudiantes de español en Brasil se haya multiplicado por cinco en el último lustro. Por otro lado, este incremento también llega a otros rincones del mundo como los países de Oriente Medio, Camerún, Costa de Marfil y Marruecos.

5. Es muy interesante que en el ámbito económico y comercial el español sea la segunda lengua más usada después del inglés.

6. Sí, yo sabía que en China el español se está imponiendo gracias a que es el idioma elegido por los jóvenes que se quieren dedicar al mundo empresarial. Prueba de ello es que la sede del Instituto Cervantes de Pekín tiene sus cursos completos y largas listas de espera para poder entrar.

17. TODOS A COMER

Actividad 2.A.

Ana: Mira cariño, podemos entrar aquí, me han dicho que ponen unas tapas muy buenas.

Antony: ¿Aquí? Pero si el suelo está lleno de papeles...

Ana: ¡No seas delicado, hombre! Esto siempre está lleno de gente que tapea en la barra y es normal que tiren algunas servilletas al suelo...

Antony: Bueno, pero ¿nos podemos sentar en la puerta? ¿no?

Ana: Claro, además da el solecito.

Camarero: Buenas tardes, ¿qué les ponemos de beber?

Ana: Para mí un tinto de verano, por favor...

ntony : Yo quiero un café con leche, por favor...

na: ¿Cómo? ¡Un café con leche! Si vamos a tapear... Pídete una cervecita, un vinito... no sé... un refresco...

amarero: Tenemos un vinito de la tierra buenísimo...

ntony : De acuerdo, lo probaré.

amarero: ¿Y de tapitas? ¿Qué les apetece?

na: ¿Qué tiene?

amarero: Tenemos las gambitas al pil-pil, la ensaladilla rusa, el pulpito a la gallega, las papas bravas... Y de pescadito, los boquerones en vinagre, el cazón en adobo, y... Un momento. Pepe, ¿nos queda caballa?

epe: Sí, sí hay...

ntony : Hay muchas tapas... ¿qué nos recomienda?

amarero: Nuestra especialidad es el pulpito a la gallera, ¡está de muerte! Yo le voy a traer una tapita para que lo pruebe.

Ana: Pues para mí, una de patatas con alioli...

amarero: Perfecto, ¿algo más?

Antony : Sí, una tapa de aceitunas.

amarero: Bueno, tapa de aceitunas no ponemos... Yo le traigo un platito...

na: Ah, una ración de tortillitas de bacalao que a mí me gustan mucho...

amarero: Ahora mismo viene todo...

27. EXPONE Y SOLICITA:

Actividad 1.

Es un escrito con un formato estándar que se envía a un organismo oficial o una entidad privada o persona de rango superior para realizar una petición o reclamación. En él, se aporta información personal o sobre determinadas circunstancias.

30. Y AHORA, LA PUBLICIDAD...

Actividad 4.

-Uf, estoy hecha polvo...

-TOMA, TOMA...

-Tengo mucho sueño...

-TOMA, TOMA...

-Pero es que ahora tengo que conducir...

-TOMA, TOMA...

-¿Y mi dieta?

-TOMA, TOMA, TOMA...

-TOMA **ENERCOLA** Y ¡PONTE LAS PILAS!

Actividad 5.

- ¡Cuánto tiempo sin verte! ¿Cómo te va el trabajo?

– ¿No lo sabes? Soy un ex–trabajador.

– ¡Qué buena cara tienes!

– Claro, soy un ex–madrugador.

– ¡Uf! ¡Qué agobio! Final de mes, hay que pagar todas las letras, facturas...

– A mí me da igual, yo soy un ex–hipotecado.

– Si quieres ser de la GENERACIÓN "EX", está en tu mano por solo 3 €. LA LOTEX (LOTERÍAS Y APUESTAS DEL ESTADO).

Sorteo diario.